KB140906

멀고도 가까운 남극 이야기

| 일러두기 |

출처가 별도로 표기되어 있지 않은 본문 사진은 국제신문 사진부 박수현 선임기자가 찍은 것입니다.

남극이랑 카톡하기

글 오상준   사진 박수현   감수 이동화

호밀밭

머리말

몇 년 전부터 바다만 보면 가슴이 설렌다. 남극과 북극 같은 극지가 생각나서다. 솔직히 부산에 살아서 바다를 너무 쉽게 접할 수 있는 탓에 그 소중함을 잊고 지냈다. 부산 앞바다 바닷물이 해류와 파도를 타고 남극, 북극으로 갈 수 있지 않을까? 지금으로부터 40년 전, 1978년 12월 7일 크릴 시험조업선 '남북호'는 남빙양(남극해)를 향해 부산항을 출발했다. 우리나라 남극 진출의 시작이다.

2013년 12월 말 해양수산부로 발령받고 2년 내내 〈부산을 극지연구 허브로〉 기획시리즈 기사를 연재하면서 남극의 중요성에 눈뜨기 시작했다. 덕분에 대한민국 국토 최남단인 남극 장보고과학기지에 일주일간 취재하러 가는 행운도 누렸다.

남극을 공부하고 취재하면 할수록 심연에 빠져드는 기분이다. '빙산의 일각'이라는 표현이 맞을 것 같다. 빙산은 10%만 수면 밖에 보이고 90%는 물속에 잠겨 보이지 않는다. 남극은 필자에게 빙산의 일각처럼 보이는 현상 이면에 숨어 있는 본질, 구조적 문제를 살펴보라는 메시지를 던져줬다. 팩트를 근거로 하되 상상력을 더해야 구조적 문제에 접근할 수 있다고. 남극과 북극처럼 극과 극이 통하듯 남한과 북한 과학자들이 장보고과학기지 또는 세종과학기지에 모여 함께 연구함으로써 통일 시대를 극지에서 열 수 있다는 즐거운 상상을 해본다.

아직 남극에 관해 공부해야 할 것이 더 많지만 2년간 시리즈를 쓰고 준비하고 남극을 취재하면서 알게 된 지식과 느낀 경험을 많은 사람과 공유하고자 용기를 내어 책을 썼다. 남극이 여러 가지 제약으로 직접 가기는 쉽지 않지만 우리 일상생활과 의외로 가까이 있다는 사실을 함께 나누고 싶었기 때문이다.

하나 더. 현실적으로 직접 가기 곤란하지만 가지 못하더라도 테마파크 형태의 극지체험관을 부산에 지어 자라나는 청소년을 비롯한 시민에게 극지의 중요성을 알렸으면 하는 바람도 있다. 동북아 해양수도를 지향하는 부산시도 극지체험관을 포함한 극지타운을 조성한다는 계획을 추진하고 있다.

이 책은 2014년과 2015년 〈부산을 극지연구 허브로〉 시리즈를 같이 썼던 박수현, 정옥재, 이승륜 기자와 공동 작업한 결과물이다. 그들의 도움이 없었더라면 이 책은 나오지 못했을 거다. 펭귄과 북극곰이 남극과 북극에 모두 사는 것으로 잘못 알고 있을 정도로 극지에 무지했던 필자를 극지의 세계에 발 들여놓게 한 이동화 남경엔지니어링토건 대표와 고기화 전 국제신문 이사께 감사드린다. 신문기자 일에 바빠 가정에 소홀한 필자를 늘 응원해주는 아내와 민하, 민주 두 딸에게도 고맙고, 사랑한다는 말을 전한다.

2019년 2월 오상준

머리말

1부. 남극 생활의 비밀

2부. 우리나라 남극 개척사

3부. 남극 자연환경과 동식물

4부. 남극의 과학

5부. 남극으로 가는 길

6부. 국내외 극지체험시설

7부. 에듀테인먼트 위한 테마파크형 극지체험관

프롤로그

대한민국 국토의 최남단은 어디일까?

혼히 제주도 밑에 있는 마라도(북위 33도 6분)로 알고 있지만 실은 서울에서 1만 2,730㎞, 부산에서는 1만 2,439㎞ 떨어진 남극 장보고과학기지다. 남위 74도 37분에 위치해 있다. 우리나라 최초의 남극과학기지인 세종과학기지는 서울에서 1만 7,240㎞ 떨어져 장보고과학기지보다 더 멀지만 남위 62도 13분에 있다. 남쪽으로는 장보고과학기지가 세종과학기지보다 훨씬 더 밑에 있다.

영하 40도의 혹한에다 90일 이상 해가 뜨지 않고 밤만 지속되는 극야에도 대한민국 국민 17~18명이 월동하며 기지를 지키고 있다. 한국해양과학기술원(KIOST) 부설 인천에 있는 극지연구소와 연결되는 (032)로 시작하는 전용 전화선이 장보고과학기지와 세종과학기지에 깔렸다. 덕분에 국제전화요금이 아니라 국내요금으로 통화가 가능하고 카카오 톡을 사용해 공짜로 실시간 문자를 주고받을 수 있다. 장보고과학기지는 지금으로부터 30년 전인 1988년 2월 남극 킹조지 섬에 세워진 세종과학기지에 이어 2014년 2월 남극 테라노바 만에 건립된 우리나라의 두 번째 남극 과학기지다.

많은 사람이 남극을 영하 40도가 넘는 극한의 땅, 미지의 세계로 인식하지만 극지는 의외로 우리 생활 가까이 있다. 남극과 북극의 얼음 두께 변화로 생기는 극 소용돌이 '폴라 보텍스(Polar vortex)'

스마트폰에 나타난 남극의 좌표. 장보고과학기지 인근 이탈리아 마리오주켈리기지여서 남위 74도 40분을 가리키고 있다.

남극 장보고과학기지에 세워진 이정표. 서울과의 거리가 1만 3,283㎞로 표기돼 극지연구소 자료(1만 2,730㎞)와는 차이가 난다.

가 한반도 날씨에 영향을 미친다. 동물원과 아쿠아리움에서는 펭귄과 북극곰을 만날 수 있다. 펭귄은 어린이가 좋아하는 토종 캐릭터 '뽀로로'를 통해 우리에게 친근해진 동물이다.

식탁에서는 남빙양(남극해)에 사는 메로(파타고니아 이빨고기)를 구이로 맛볼 수 있다. 메로는 남빙양 수심 2,000m 심해에 산다. 낚시 좋아하는 사람은 남빙양에 사는 크릴을 낚시 미끼로 사용한다. 겨울에 입는 파카와 패딩 제품 가운데에도 남극과 관련된 것이 적지 않다. 코오롱 엔타티카(남극이라는 뜻) 파카, 노스페이스 맥머도(남극에 있는 미국 과학기지 명칭) 파카가 그렇다. 극한 추위의 남극에서 입을 수 있을 만큼 보온이 잘 된다는 점을 강조하기 위해 남극과 관련된 이름을 붙였다. 출퇴근길에 많은 시민이 이용하는 도시철도(지하철) 전동차 안에서도 남극 세종·장보고 과학기지의 월동대 모집 광고를 볼 수 있다.

조선 및 조선기자재산업이 발달한 부산에 있는 한진중공업이 우리나라 최초의 쇄빙선 '아라온호'를 건조했다. 쇄빙선은 얼음을 깨고 남극과 북극에 갈 수 있는 선박이다. 기존 배에 극지의 극한 추위를 견디고 얼음을 깰 수 있는 기능을 갖춘 것이 쇄빙선이다.

이처럼 옷, 집, 자동차 등 인간에게 필요한 물건에 극지의 극한 조건을 견딜 수 있게 기능을 더하면 극지의류, 극지건축, 극지공학 등이 탄생한다. 극지에서 생활하는 사람이 잘 걸리는 질환을 연구하는 의학 분야는 극지의학에 해당한다. 기존 학문을 극지 분야로 확대하면 극지와 관련된 다양한 학문이 탄생할 수 있다.

남극은 사람이 생존하기 어려운 불모의 땅으로 알려졌지만 전 세계가 주목하고 있다. 이곳은 지하자원과 수산자원이 풍부할 뿐 아니라 눈이 쌓이면서 압축된 빙하 속 공기는 수억 년에서 수십억 년 전 지구 환경의 비밀을 간직한 타임캡슐이자 지구환경 변화를 파악할 수 있는 리트머스 시험지이기 때문이다.

필자는 2013년 12월 말 국제신문 해양수산부장으로 발령받아 2년간 특별취재팀(박수현, 정옥재, 이승륜 기자)을 꾸려 극지 관련 기획 기사 〈부산을 극지 연구 허브로〉 '1부 극지, 부산의 미래보고' 8회, '2부 극지 체험관·박물관을 짓자' 6회, 〈부산을 극지 연구 허브로 II〉 '1부 극지타운을 세우자' 2회, '2부 세계극지도시를 가다' 7회를 지면에 게재했고 2015년 11월 남극 장보고과학기지에 일주일간 체류하며 남극 현장을 직접 취재할 기회를 가졌다. 남극 출장의 명목은 1985년 11월 16일 우리나라 최초의 남극관측탐험대(단장 윤석순)가 남극 땅을 밟은 지 30주년을 기념해 그 의미를 재조명하기 위해서였다. 특히 2018년은 남극에 세종과학기지가 설립된 지 30주년이고 우리나라 남극 진출의 효시로 평가받는 남빙양 크릴 시험조험을 한 지 40주년이 되는 뜻깊은 해다.

이를 기념해 우리나라 남극 개척사를 포함해 남극 생활 비밀, 남극의 자연환경과 동식물, 남극의 과학, 남극 가는 길, 국내외 극지 체험시설 등으로 나눠 정리했다. 당시 '무모하다, 미쳤다'는 말을 들으면서도 남극 개척에 앞장섰던 사람과 심층인터뷰를 통해 남극 개척 초기의 어려운 여건과 이들이 지닌 불굴의 도전정신, 모험심, 탐험정신을 가미해 남극 개척의 의미를 살리는 데 초점을 맞췄다. 그런 점에서 우리나라 남극 개척사를 다룬 2부는 남다른 의미가 있다.

필자와 사진부 박수현 선임기자를 남극에 파견한다는 국제신문 2015년 11월 11일자 1면 기사

헬기에서 본 남극 풍경

1부. 남극 생활의 비밀

남극 생활에 관한 궁금증

필자는 2015년 11월 13일부터 20일까지 일주일간 남극 장보고 과학기지에 머무르면서 관찰하고 대원들과 대화하며 확인한 남극 생활에 관한 궁금증을 몇 가지 키워드로 정리했다.

감기 안 걸려요

혹독한 추위로 악명 높은 남극에서는 역설적으로 감기에 걸리지 않는다. 너무 추워서 감기 바이러스가 생존할 수 없기 때문이다. 속옷 차림으로 외출해도 감기에 걸리지 않는다는 얘기다. 단, 추위에 오래 노출되면 감기보다 훨씬 더 위험한 동상이나 저체온증에 걸릴 수 있다. 물론 감기에 걸려 감기바이러스를 보유한 외부인이 남극에 들어오면 기지에 감기가 퍼질 수는 있다.

남극 장보고과학기지는 난방이 잘돼 대원들이 반소매 티셔츠 차림으로 식사하고 있다.

반소매 차림에 아이스크림

우리나라 계절의 정반대인 남극 여름의 바깥 기온은 영하 10도 안팎으로 여전히 춥다. 하지만 장보고기지 안은 딴 세상이다. 난방이 워낙 잘 돼 대원 대부분이 반소매 티셔츠 차림으로 다닌다. 한국에서 냉동 컨테이너로 공수해온 아이스크림을 먹는 대원도 눈에 띈다. 2014년 준공해 최첨단 시설을 갖춘 장보고기지는 5중 유리창의 단열 효과에다 전력을 생산할 때 나오는 열을 모아서 재사용하는 열병합 발전 방식으로 난방이 이루어진다.

필자는 남극 세종과학기지, 북극 다산과학기지를 취재한 경험이 있는 국제신문 사진부 박수현 선임기자의 조언에 따라 두꺼운 겨울옷과 각종 방한용품을 완벽하게 준비했다고 생각했지만 정작 챙기지 못한 게 있었다. 바로 기지 안에서 입을 반소매 티셔츠와 반바지. 잠잘 때 더워서 고생했다. 어쩔 수 없이 팬티와 러닝 차림으로 잘 수밖에 없었다.

식물공장

남극에서 가장 귀한 식자재는 신선한 채소와 과일이다. 항공기와 쇄빙연구선 아라온호를 타고 하계대원이 들어오는 11~2월에는 신선식품 공급이 가능하지만, 그 이외 기간에는 냉동식품에 의존할 수밖에 없다. 식사 때마다 나오는 과일은 대부분 통조림이나 냉동과일을 녹인 형태다.

주말 저녁에는 삼겹살 구이에 쌈을 싸 먹을 수 있는 신선한 채소가 제공된다. 비밀은 기지 내 식물공장(Green house)으로 불리는

식물공장

온실. 대여섯 평의 수경재배시설을 갖춘 온실에서 배추, 상추, 쑥갓, 고추, 케일 등 채소를 키워 월동대원 17~18명이 충분히 먹을 수 있다고 한다.

음주 규정

삼겹살 구이와 채소 쌈을 먹는 주말 저녁이면 반주로 술이 함께 나온다. 기지에서 술을 마음껏 마실 수는 없다. 극지연구소가 안전사고를 예방하기 위해 2014년 11월 '극지 현장 활동 음주허용 기준 및 주류관리 지침'을 만들었기 때문이다. 이 기준에 따르면 음주는 남북극 과학기지 하계대원과 아라온호 승선자는 주 1회 식당에서 밤 11시까지 소주 반병 또는 맥주 2캔까지 마실 수 있다. 1년간 가족과 떨어져 외로움을 달래야 하는 월동대원에게는 주 2회 음주가 허용된다. 컨테이너에 실려 온 맥주는 김이 다소 빠져 한국에서 마실 때보다 맛이 덜한 편이다.

배탁

배드민턴과 탁구를 합친 장보고기지만의 독특한 운동 종목. 배드민턴 네트를 설치하고 탁구 채로 배드민턴 공인 서틀콕을 네트 위로 넘기는 경기다. 테이블을 치우면 식당 같은 좁은 공간에서도 즐길 수 있는 게 장점이다. 장보고과학기지 2차 월동대 황성욱 대원이 해가 뜨지 않는 극야 기간 체력을 단련하고자 제안하면서 도입됐다.

배탁 ⓒ 극지연구소

풍선 날리는 대원

월동대는 대장과 총무 등 극지연구소 직원과 연구원, 의사, 요리사, 기상청·국민안전처(2017년 7월 정부 조직 개편에 따라 행정안전부로 통합) 파견 직원, 중장비·발전·전기기사를 비롯한 각 분야 전문가 등 17~18명으로 이루어졌다. 외인구단인 셈이다.

이들 대원에게는 각자의 고유 임무가 있다. 기상청에서 파견된 직원은 매일 낮 12시 30분께 사람 키만 한 기상관측용 대형 풍선을 하늘 높이 띄운다. 헬륨가스로 채워진 라디오존데, 오존존데로 불리는 대형 풍선에는 기온과 습도, 기압, 풍향, 풍속, 오존을 측정할 수 있는 센서가 부착돼 지상으로 데이터를 전송한다.

이와 함께 조리, 의료, 발전, 전기, 안전, 기계설비, 중장비, 연구 담당 대원들은 각자가 맡은 역할을 묵묵히 수행한다. 극지 강국을 향한 도전은 혹한, 극야와 싸우는 이들 월동대원의 어깨에 달렸다고 해도 과언이 아니다.

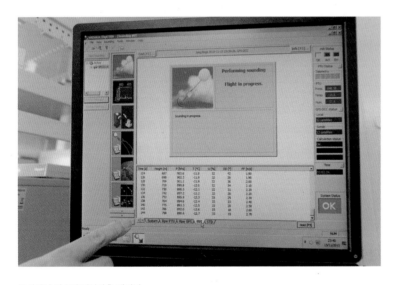

풍선에서 전송된 기상관측 데이터

남극 장보고과학기지 대원들이 기상관측용 대형 풍선을 날리고 있다. ▶

남극에 냉장고가 필요할까?

　추운 남극과 북극은 기온이 낮아 음식을 보관해도 상할 염려가 없어 냉장고가 필요 없을 것으로 생각하기 쉽다. 1985년 우리나라 최초 남극관측탐험대를 비롯해 여러 차례 남극을 다녀온 이동화 남경엔지니어링토건 대표는 "남극에서 생활하려면 냉장고는 필수품"이라고 강조했다. 이누이트(에스키모)에게 냉장고를 판다는 이야기가 거짓말은 아니다. 부식을 바깥에 쌓으면 남극이라 저절로 냉동창고 역할을 할 것 같지만 그렇지 않다. 영상 1~2도에서 영하 20~30도까지 급격하게 오르내리는 온도 차이는 음식물을 쉽게 변질되게 만들기 때문이다.

　냉장고가 없다면 추운 날씨에 음식 재료가 꽁꽁 얼어붙어 먹기 전에 녹여야 하는 데다 음식 재료를 꺼내려면 일일이 바깥에 나가야 하는 불편을 겪을 수밖에 없다. 남극의 겨울에는 해가 뜨지 않아 어두운 데다 블리자드(눈 폭풍)가 휘몰아쳐 외출 자체가 쉽지 않다.

　여름에는 도둑갈매기가 먹이인 줄 알고 바깥에 보관 중인 음식 재료를 먹어 치울 염려도 있다. 도둑갈매기는 주로 펭귄의 알이나 새끼를 잡아먹고 사는데, 식성이 좋아 웬만한 것은 다 먹어 치운다. 냉장고가 없다면 도둑갈매기가 기지 밖에 둔 음식을 찾아 먹어 치웠을 터이다.

남극에서 카톡하기

남극 장보고기지는 한국과 1만 3,000㎞ 가까이 멀리 떨어져 있지만, 국내 전화요금으로 통화가 가능하다. KT에서 위성통신안테나를 설치해 인천에 있는 극지연구소와 연결되는 장보고기지 전용선(032-770-8585 통신실)을 확보했기 때문이다. 와이파이(WiFi)가 터져 인터넷과 카카오톡, 보이스톡을 무료로 할 수 있다. 휴대전화로 통화도 가능하다. 이 때문에 남극은 우리나라 국토의 최남단이라고 부를 만하다. 대원들은 한국에 있는 가족, 친구와 24시간 부담 없이 연락을 주고받을 수 있다.

필자는 남극에서 취재한 기사를 부산에 있는 국제신문 본사에 송고한 뒤 내용을 수정할 게 있어 직장 동료에게 카톡을 보낸 적이 있다. 그랬더니 '남극에서도 카톡이 되냐'며 깜짝 놀랐다는 답 문자가 돌아왔다. IT 강국이자 극지 강국 대한민국의 위상을 피부로 느낄 수 있는 대목이다. 남극 장보고기지는 우리 국토의 최남단이 맞는다는 생각이 새삼 들었다.

인터넷과 함께 대원들의 고립감을 덜어주는 것이 위성TV. 대원들이 일과를 마치고 둘러앉아 KBS월드, 아리랑TV, YTN 등을 시청하며 한국 소식을 실시간으로 접할 수 있다. 오래전 이야기지만, 1988년 우리나라 최초의 남극 기지인 세종과학기지가 세워졌을 무렵에는 대원들은 한 달에 한 번 3분간 대서양 인공위성을 사용해 국제전화로 가족과 무료 통화를 할 수 있었다. 당시 국제전화요금이 1분에 1만 원이나 할 정도로 비쌌기 때문이다. 그래서 대원들은 가족과 전화하기 전에 미리 할 말을 적어 놓고 통화가 시작되면 6초 단위로 계산되기 때문에 시간을 초 단위로 재며 속사포처럼 말할 수밖에 없었다. 어쩌다가 회식 중에 술이라도 한잔하면 가족에 대한 그리움을 참지 못하고 전화통을 붙잡고 오래 통화하기도 한다. 해당 대원은 다음 날 술이 깨면 숙취보다 비싼 전화요금 부담에 후회했다고 한다. 어느 대원은 전화요금으로 몇백만 원을 날렸다는 이야기도 전해진다.

초창기 월동대원들이 남극에서 할 수 있는 오락 거리가 탁구와 당구 그리고 비디오 감상이 전부였다. 남극의 강한 바람 탓에 건물의 기초가 약간 틀어지고 바람에 흔들려서 탁구대와 당구대의 네 다리는 균형이 맞지 않았다. 세종과학기지 1차 월동대원을 지낸 이동화 남경엔지니어링토건 대표는 "제대로 당구를 쳐 본 적도 없는 초보인 내가 운이 좋으면 고수를 이기는 이변을 연출했다"고 말했다.

영화나 드라마 비디오테이프도 몇 개 되지 않았다. 보고 또 보고 반복하다 보니 나중에는 테이프가 늘어나 버렸다. 몇 번이나 본 것이지만 그걸 볼 수 없는 것도 큰 아쉬움이었다. 어떤 때는 영화감상보다 한글자막 중 틀린 글자 찾아내기로 시간을 때우기도 했다. 당시 남극의 겨울은 상당히 무료한 편이었다.

1999년 세종과학기지에 인터넷이 개통되면서 기지 생활 풍속도가 많이 변했다. 인터넷 개통 초기에는 기술적 문제로 접속이 원활하지 않았지만 점차 개선되면서 인터넷을 이용한 전화로 큰 부담

없이 외부 세계와 직접 소통할 수 있게 됐다. 특히 2010년에 개통된 KT전용망은 KT에서 극지연구 활동을 지원하기 위해 위성과 해저케이블을 이용해 세종과학기지와 극지연구소 간 하이브리드 네트워크를 구축한 것이다.

극지연구소는 2017년 12월 『남극세종과학기지, 그 서른 해의 이야기(1988~2018)』를 펴내고 "1988년 세종과학기지가 바톤 반도에 세워진 이래 30년 동안 1만 7,240㎞의 공간적 거리는 그대로이지만, 시간적 거리만큼은 '빌게이츠@ 생각의 속도'로 빠르게 가까워지고 있다"고 분석했다.

남극 장보고기지 숙소에서 와이파이로 한국 부산에 본사를 둔 국제신문 기사를 검색하는 필자

남극 삼시세끼의 백미, 빙하 팥빙수와 빙하 열무국수

장보고과학기지 2차 월동대(2014년 11월~2015년 11월) 조리담당 대원인 이희영 요리사는 추위로 신체의 에너지 소모가 많아 저녁에 고기반찬을 자주 해주는 등 대원들의 기력을 보충하는 데 신경 썼다. 이 대원은 "남극 특성상 1년 치 식자재 대부분이 냉동 컨테이너로 한 번에 들어와 신선한 채소를 구하기 쉽지 않지만, 흑염소 스테이크를 비롯한 다양한 보양식을 제공했다"고 말했다. 이 대원은 "콩을 불려 두부를 만들고 누룩으로 막걸리를 직접 빚었으며 팥을 삶고 빙하를 캐서 빙하 팥빙수를 만들어 먹었다"고 덧붙였다.

남극 과학기지에서 월동대 생활을 했던 대원들은, 만년빙을 이용한 팥빙수와 열무국수가 별미 중의 별미라고 입을 모았다. 남극의 얼음은 독특하다. 물이 언 일반 얼음과 달리 눈이 쌓이고 쌓여 다져져서 만들어지므로 눈 속의 공기 기포가 얼음 속에 들어가 있다. 이 때문에 빙벽이 무너지고 유빙이 바닷가로 몰려오면 신기한 현상이 일어난다. 바닷가가 뽀글뽀글하는 작은 소리부터 한순간에 '펑'하고 크게 터지는 소리까지 해안가를 따라 기포 터지는 소리로 요란해진다. 빙하가 머금고 있던 압축된 공기가 물을 만나 녹아 방출되면서 터지는 소리다.

조리 대원이 만년빙을 송곳과 망치로 잘게 부수고 물로 씻으면 얼음 준비가 끝난다. 이렇게 준비된 얼음은 팥빙수, 칵테일, 콩국수,

열무냉면, 열무국수 등에 다양하게 사용된다. 만년빙으로 만든 열무국수는 별미 중의 별미다. 숙성시킨 쉰 김치를 썰어 국수에 얹고 열무김치와 국물, 미리 식혀둔 다시마와 멸치를 우려낸 육수를 부은 뒤 마지막으로 만년빙을 띄우면 완성된다. 만년빙 때문에 톡 쏘는 빙하 열무국수 국물 맛은 일품이다. 남극이 아니면 결코 맛볼 수 없어서 고국에 돌아와서도 자꾸 생각난다고 한다.

빙하 팥빙수 ⓒ 극지연구소

남극 얼음을 칵테일용으로

남극의 얼음을 양주 칵테일로 사용하면 얼음이 녹을 때 압축 내장되었던 공기가 팽창하면서 '톡, 톡'하는 소리를 들을 수 있어 일품이다. 남극 세종기지를 기획했던 박승덕 전 과학기술처 연구개발조정실장은 『희망의 대륙 남극에 서다』(한국극지연구진흥회·휘즈프레스) '남극의 꿈을 이루다' 편에서 현대건설 세종기지 공사 팀에 부탁해 공사를 끝내고 귀국할 때 남극의 얼음을 배 냉장고에 가득 채워 한국으로 가져오라고 부탁했다. 귀국 후 청와대와 국회의원 등의 인사에게 어렵게 공수해온 남극 얼음을 잘 포장해 칵테일용으로 사용하라고 선물로 돌렸다. 남극 얼음은 순식간에 장안의 화제가 됐다.

박 전 실장은 일본의 경우 북극에서 빙산 덩어리를 배로 끌어다가 칵테일용 얼음으로 판매해 돈도 벌고 인기도 끌고 있다는 말을 듣고 힌트를 얻었다. 일본 도쿄 긴자에서는 남극 얼음을 활용한 고급 칵테일을 파는 곳이 있는 것으로 알려졌다.

장보고기지 인근 빙하

남극 과학기지 식탁의 김치 변천사

1988년 세종과학기지 1차 월동대는 캔에 든 '통조림 김치'를 먹었다. 그 무렵 중동 등 외국에서 일하던 우리나라 사람에게 공급되던 캔 김치는, 김치를 익히는 미생물을 높은 열로 죽여 캔에 담은 것으로 삶은 김치에 가깝다. 그렇지만 김치찌개는 아니다. 색깔은 불그스름하고 물큰한 것이 김치 맛은 나지만 사람들이 기대하는 아삭하고 신선한 김치는 아니다. 찌개를 끓여도 맛있는 김치찌개와는 거리가 멀었다. "맛이 없다"는 불평을 하면서도 대안이 없다 보니 가끔 캔 김치를 먹었다. 한때 칠레 산티아고나 미국 로스앤젤레스에서 식품점을 운영하는 교민이 담근 김치를 사다 먹기도 했다. 20ℓ 플라스틱 통에 담아 냉동시켜 가져왔는데 맛은 캔 김치보다 훨씬 나았지만 배추와 양념이 기대에 미치지는 못했다.

1991년에는 기지의 요리사가 칠레에서 사 온 푸른 양배추로 김치를 담가 먹고 오이지를 만들어 먹기도 했다. 우리 배추는 보기 힘들지만 양배추는 많아 배추 대신 궁여지책으로 담가본 것이다. 집에서 먹던 김치 맛은 아니지만 캔 김치 맛과는 비교가 되지 않을 만큼 신선하고 맛있었다.

1995년, 1996년부터 냉동 컨테이너로 우리나라 식품이 공급되면서 월동연구대의 식단이 획기적으로 좋아졌다. 김치뿐 아니라 갖은 젓갈까지 기지에서 먹을 수 있게 됐다. 냉동 컨테이너로 공수된 김치를 먹기 전에 복도 계단 같은 곳에서 해동하면 집에서 먹는 맛과 거의 비슷한 김치를 먹을 수 있다. 필자가 2015년 11월 남극 장보고기지에 취재 갔을 때 식사 때마다 김치를 맛있게 먹었던 기억이 난다.

기지에서 가장 부족한 것은 신선한 채소와 과일. 기지 건설 초기부터 콩나물을 직접 길러 먹었다. 세종기지에 가끔 드나드는 칠레와 외국 비행기 편에 신선한 과일과 채소를 공급받는다. 하지만 날씨가 좋지 않으면 비행기가 제때 뜨지 못해 시든 채소와 상한 과일을 받기도 한다.

2009, 2010년 농업진흥청으로부터 수경재배시설인 식물공장을 설치하면서 채소 공급이 훨씬 나아졌다. 남극에서는 오염을 우려해 문명세계의 흙을 쓰지 못하도록 규정돼 있지만 수경재배는 가능하다. 덕분에 푸른 상추, 붉은 상추, 쑥갓, 얼갈이배추, 치커리, 갓, 근대, 방울토마토, 고추, 콩잎을 길러 먹을 수 있게 됐다. 식물공장에서 재배되지 않는 양배추, 감자, 양파, 과일, 우유는 칠레와 외국의 비행기 편으로 공급받고 있다.

2009년 말 우리나라 최초의 쇄빙연구선 '아라온호'가 취항하면서 경기미, 한우 같은 우리 입맛에 맞는 식품을 운송해주면서 남극기지의 식단은 한 단계 업그레이드됐다. 아라온호 덕분에 남극에서 경기미로 지은 밥에 한우를 먹을 수 있게 됐다.

식수는 바닷물 염분 제거한 해수담수

남극에서는 어떤 물을 마실까? 빙하를 매번 캐서 녹여 식수로 먹는 것은 현실적으로 불가능하다. 기지 가까운 곳에서 많은 양의 빙하를 구하기도 어려울 뿐 아니라 무거워서 옮기는 일도 쉽지 않다.

세종기지는 인공적으로 조성한 작은 호수인 현대소에 모인 물로 식수와 생활용수를 해결한다. 4월 하순 또는 5월 중순 호수가 말라버리는 가뭄이 찾아오면 그때부터 해수담수화기를 사용한다. 해수담수화기는 바닷물을 사람이 먹을 수 있게 염분을 제거하는 장비다. 역삼투압 방식을 사용해 염분을 완벽하게 제거한다. 염수와 담수 같은 농도 차이가 나는 용액을 반투막으로 분리해 일정한 시간이 지나면 저농도 용액의 물이 고농도 쪽으로 이동해 수위에 차이가 나타나는 게 삼투압 원리다. 여기에 고농도 용액이 삼투압 이상의 압력을 가하면 저농도 용액 쪽으로 물이 옮겨간다. 이를 역삼투압 현상이라고 한다.

2014년 2월 준공된 장보고기지 역시 해수담수로 식수를 해결한다. 장보고기지는 세종기지보다 훨씬 남쪽에 위치해 겨울철이면 바다가 꽁꽁 얼어붙어 식수 확보에 비상이 걸린다. 대원들은 눈 폭풍에 날아가지 않도록 서로의 몸을 로프에 묶은 채 해빙(海氷)을 깨서 바다 속 취수원을 확보하는가 하면 취수구가 얼지 않게 녹이는 작업도 병행한다. 남극 기지 대원들에게 바닷물은 소중한 생명수다.

장보고과학기지 해수 파이
프(사진 위)와 경유 파이프

90일 넘게 해 뜨지 않는 극야로 불면증, 소화 불량 잦아

남극 장보고과학기지 월동대원들은 생체리듬이 깨져 불면증에 시달리고 있다. 1년 365일 가운데 절반 이상을 해가 뜨지 않는 극야(95일)와 해가 지지 않는 백야(100일)로 보내야 하기 때문이다. 남극은 눈과 얼음으로 둘러싸인 신비로운 곳으로 비치지만, 생활하는 이에게는 혹한과 어둠을 견뎌내야 하는 극한 공간임을 보여준다.

장보고기지 2차 월동대의 의료담당 대원 최병석 외과 전문의에게 물었더니 기지 내 병원을 찾은 대원 중 불면증을 호소하는 경우가 가장 많아 수면제를 처방해줬다고 대답했다. 최 대원은 "극야 기간에 해를 볼 수 없어 실내에서 시계만 보고 생활하고, 백야 기간에는 종일 해가 떠 있어 밤늦게까지 활동하므로 생체리듬이 깨져 잠을 제대로 이루지 못한다"고 분석했다. 특히 극야 기간 대원마다 정도의 차이는 있지만 대부분 우울증을 앓는다고 최 대원은 강조했다.

우리나라 최초로 남극 땅을 밟은 고(故) 이병돈 부산수산대학교 교수가 방문했던 아르헨티나 알미란테 브라운 기지는 1984년 4월 12일 기지대장이자 50대 의사 산체스가 정신착란으로 불을 질러 소실됐다. 월동의 어려움을 단적으로 보여주는 사례다.

두 번째로는 소화불량 등 소화기계통 질환이 많은 것으로 나타났다. 최 대원은 "추우니까 에너지가 많이 소모돼 그만큼 많이 먹지만 실내에서 생활해 운동량이 부족하다 보니 소화 불량도 잘 걸린다"고 전했다.

필자가 남극 장보고과학기지를 방문한 2015년 11월 새벽 1시께 기지 바깥 풍경. 백야로 환하다.

장보고과학기지 1년 근무한 김용수 외과 전문의 남극 체험기

부산에서 1만 2,439㎞ 떨어진 남극 장보고과학기지 대원들의 건강을 2015년 11월~2016년 11월까지 1년간 돌보며 3차 월동연구대 의료대원으로 근무했던 부산 출신의 김용수 외과 전문의(의학박사)에게 남극 의료 현장 얘기를 생생하게 들어봤다. 그는 부산고와 부산대학교 의대를 졸업하고 부산지역 종합병원에서 일하다가 환갑이 넘어 미지의 세계 남극에 도전장을 내밀었다. 장보고기지 의사는 월동대원 17명과 남극의 여름에 해당하는 11월~2월 연구와 보급을 위해 기지를 찾는 수십 명의 건강을 돌본다. 혼자서 환자를 진료하고 수술해야 할 경우 X레이 촬영, 마취, 수술 집도, 간호 등을 도맡아 한다. 문제는 3월부터 10월까지 고립되는 기간이다. 김 박사는 "위중한 응급환자가 발생하더라도 바다가 꽁꽁 얼어붙어 쇄빙선이 다니지 못하는 등 후송할 교통수단이 없어 의사가 기지 내 병원에서 자체적으로 수술할 수밖에 없다. 외과 의사를 뽑는 것도 이런 이유"라고 설명했다.

김 박사에게도 위기의 순간이 있었다. "2016년 1월 대원 한 명이 '배가 아프다'며 찾아왔는데 배에 덩어리가 만져졌고 X레이를 찍고 초음파 검사를 해보니 S상결장 궤실염이었습니다. 대장이 터지면 위험해질 수 있어 후송을 고민했어요. 사흘 밤을 꼬박 새우며 항생제 등 약물치료를 했더니 배에 뭉쳐진 덩어리가 사라지고 상태가

남극 장보고과학기지 연구원들이 빙하를 연구하기 위해 설치한 캠프에 김용수 외과 전문의가 의료 지원에 나섰다. ⓒ 김용수 외과 전문의

호전됐습니다."

2016년 2월 말에는 물자를 보급하러 기지를 찾은 극지연구소 쇄빙연구선 아라온호 승무원이 괄약근간 농양으로 고통을 호소하자 김 박사는 부분 마취한 뒤 수술했다. 또 손가락이 찢어지고 부러진 대원에게는 상처를 꿰매고 깁스를 했다. 그는 "혹시나 몰라 환자 상태를 스마트 폰으로 찍어 정형외과 의사 친구에게 카톡(카카오톡)으로 보냈더니 내 진단과 치료 방법과 같아 안도했다"고 말했다.

해가 뜨지 않고 밤만 계속되는 극야도 견디기 힘들었다. "2016년 5월 7일부터 8월 7일까지 93일간 이어진 극야 기간에는 햇빛을 보지 못하니까 멜라토닌이 잘 생성되지 않고 비타민D가 부족하고 생체리듬이 깨져 대원들이 불면증과 우울증을 호소합니다. 바깥은 영하 30도의 칼바람이 불어 외출도 불가능하죠. 대원들에게 미리 준비해간 비타민D 주사를 줬어요. 대원들은 수요일 족구, 금요일 영화 감상, 자신의 관심 분야 발표회, 헬스, 탁구, 스크린골프, 오로라 감상 등을 하며 극야를 이겨냈습니다." 그는 "극야 기간 해가 잠시 뜨기는 하는데 건전지가 다 된 손전등의 불빛이 희미하게 비치는 수준"이라고 표현했다.

김 박사가 극지에 관심에 두게 된 것은 2013년 3월 남극 세종과학기지 인근 웨델해 탐사에 나선 아라온호 선의(船醫)를 하면서부터. 그는 "3개월간의 짧은 기간이었지만 세상의 땅끝이라는 칠레 푼타아레나스에 도착해 세상에서 가장 거친 바다로 불리는 드레이크 해협을 거쳐 웨델해 빙원 사이를 헤치고 인간의 발길을 허용한 적이 없던 경이로운 얼음제국을 둘러보는 행운을 누렸다"고 회상했다. 그는 돌아와 일기와 사진을 정리하다가 미국 인터넷서점 아마존에서 검색해 구매한 『Empire Antarctica』(남극 제국)라는 책에 감명받아 남극의 매력에 푹 빠졌다. 이 책은 영국 의사 게빈 프란시스가 남극에 있는 영국 핼리기지 월동연구대에 자원해 14개월간 고독을 느끼면서 황제펭귄과 함께했던 극지의 자연환경과 인간의 풍경을 섬세한 필치로 담아냈다. 김 박사는 자신의 버킷리스트에 남극 방문을 넣고 『남극 제국-얼음과 침묵과 황제펭귄들의 세상』(군자출판사)을 번역해 남극 장보고기지에 월동하기 전인 2015년 8월 출간했다.

의사가 아프면 누가 치료하나? 황당했던 남극 의료사건

남극 기지에서 의사가 아프면 누가 치료할까? 실제 1961년 러시아 보스톡 기지에서 맹장염에 걸린 의사가 마취하지 않은 상태에서 거울을 보며 자신의 배를 직접 수술한 사례도 있다. 러시아 상트페테르부르크 극지박물관에는 그때 사용했던 수술기구가 전시돼 있다.

김예동 전 극지연구소장은 1998년 세종기지 대장으로 지내면서 경험했던 일화를 『희망의 대륙 남극에 서다』(한국극지연구진흥회)에 소개했다. 저녁식사를 하던 중 갑자기 '윽'하는 비명 소리가 들렸다. 당시 기지 의사가 식사 도중 혀를 잘못 깨물었다. 잠시 후 의사가 찾아 와서 메모를 내밀었다. '혀의 상처가 심해 꿰매야 할 것 같으니 가까운 칠레 기지로 갔으면 좋겠다'고. 칠레 기지는 우리 기지에서 바다를 건너 10㎞ 떨어져 있으므로 고무보트를 타야 갈 수 있지만 기상조건이 좋지 않아 며칠을 기다려야 할 상황이었다. 의사는 누군가가 자기 혀를 꿰매줘야 한다고 사정했다. 김 전 소장은 기지대장으로서 누구에게 부탁할지 고민하다가 기지의 재봉틀을 담당하던 기상관측대원을 지명했다. 기상대원은 사람을 꿰매본 적이 없는 터라 난감해했다. 기상대원은 의사와 상의한 끝에 냉장고에서 돼지고기 살을 한 움큼 도려 의사와 함께 살 꿰매는 연습을 반나절 한 뒤에야 시술을 무난히 할 수 있었다. 상처도 잘 아물었다.

남극 기지에는 의사 한 명이 파견되므로 응급상황을 고려해 주로 외과 전문의가 선호된다. 공중보건의 중에 선발되는 의사는 파견 전에 종합병원에 의뢰해 각 과를 다니면서 훈련을 받는다. 의사가 한 명뿐이라 가끔 치아에 문제가 생기면 골칫거리다. 물론 월동대원은 정밀 신체검사와 함께 치과 검진을 받아 문제가 있으면 치료를 마쳐야 파견이 가능하다. 월동생활을 하다 보면 전혀 예기치 못한 문제가 생기기도 한다. 김 전 소장이 1996년 세종기지 대장을 지낼 때 월동대원 중 한 명이 꼬리곰탕을 먹던 중 이빨에 끼우는 보철이 떨어져 음식과 함께 삼켜버린 일이 생겼다. 해당 대원은 보철이 빠진 상태에서 1년을 지낼 생각을 하니 갑갑해서 찾아왔다. 보철 회수(?) 작전에 들어갔다. 다음 날 아침 신문지를 들고 멀리 떨어진 창고 뒤 후미진 곳으로 가서 볼일을 보고 그 속에서 반짝이는 금 조각을 찾을 수 있었다. 기쁜 마음에 금 조각을 가져와 잘 씻어 끼운다는 것이 그만 세면대에 쏙 빠트리고 말았다. 결국 다른 대원에게 도움을 청해 세면대 밑 U자 관을 뜯어 보철을 찾아 끼울 수 있었다.

김 전 소장은 "경험상 남극에서 보철이 유난히 잘 빠지는 것 같다. 아마도 추운 날씨 탓에 보철을 붙이는 접착제가 쉽게 떨어지기 때문"이라고 말했다.

월동대는 외인구단

월동대를 진두지휘하는 이가 월동대장. 월동대원의 안전과 기지 시설의 유지·관리를 책임지는 막중한 자리다. 장보고기지 2차 강천윤 월동대장과 3차 한승우 월동대장이 업무 인수인계를 위해 2015년 11월 10일부터 일주일간 남극에서 함께 지냈다. 인수인계식은 11월 15일 열렸다. 전임·신임 두 대장과 같이 만나 이야기를 들어봤다.

강 전임 대장은 남극 생활을 설렘으로 표현했다. "월동대는 외인구단이라고 할 수 있죠. 극지연구소 연구원과 직원뿐 아니라 요리사, 의사, 기상청, 소방방재청, 해양경비안전서, 중장비, 기계설비, 전기, 발전 등 다양한 분야 외부 전문가들이 모여 작은 사회를 이룬다는 점에서 남극에 올 때부터 설렜어요. 1년간 뒹굴다 보니 가족처럼 느껴져요."

강 전임 대장은 "극야 기간 영하 32도의 추위에 얼어붙은 배관을 녹이느라 대원들이 강풍에 날아가지 않도록 서로의 몸을 로프로 연결한 채 나와 추위에 떨었지만, 지나고 나니 다 함께 문제를 해결했다는 보람을 느낀다"고 소회를 밝혔다. 개인적 어려움이라면 날씨가 너무 건조해서 수시로 코피를 쏟았다는 것. "남극의 겨울은 아주 춥고 건조해 '추운 사막' 기후라고 할 수 있죠."

강 전임 대장은 이번이 남극 세종기지 두 번을 포함해 세 번째 월동이다. 2003년 12월 세종기지 17차 월동대 부대장 시절 전임 16

▲ 장보고기지 2차 월동대와 3차 월동대 인수인계작업
▼ 2차, 3차 월동대 인수인계식 후 기념촬영

차 대원들을 데려다주고 기지로 복귀하던 도중 기상악화로 보트가 뒤집혀 실종됐다. 다행히 강 대장 일행은 구조됐지만, 구조에 나선 전재규 대원이 순직하는 아픔을 겪었다.

신임 한 대장은 무사귀환을 첫 번째 목표로 꼽았다. "1년간 성과를 내는 것도 중요하지만, 대원 모두 무사히 귀국하는 게 월동대장의 가장 큰 임무라고 생각해요." 한 대장은 남극 탐험사에 관심을 두던 차에 2006년 극지연구소에 합류할 기회가 생기면서 10년간 다니던 대기업을 그만두고 극지인의 길을 걷게 됐다.

한 대장은 남극 탐험사에서 길이 남을 어니스트 섀클턴의 '위기의 리더십'을 강조했다. 그는 "섀클턴은 1914년 인듀어런스호를 타고 남극을 탐사하던 중 유빙에 갇혔다, 하지만 강한 인내(Endurance)와 배려의 리더십으로 634일 만에 27명 대원을 모두 무사귀환 시킨 대단한 인물"이라며 "섀클턴처럼 인간에 대한 존중과 배려로 월동대를 이끌겠다"고 말했다.

강 전임 대장은 솔선수범을 중요하게 여긴다. 그는 "위험한 크랙·해빙조사 때 누구를 맨 앞에 내세워야 할까. 어렵고 위험한 일을 대장이 앞장서면 대원 모두 '하나의 원팀(One team)'이라는 유대감을 가지게 된다"고 설명했다.

두 대장의 공통된 바람이 있다. "제2 쇄빙연구선 건조를 포함해 극지 인프라를 확충해 장보고기지에 오고 싶어 하는 과학자들이 편하게 연구할 수 있었으면 합니다."

| 월동대와 하계대 |

월동대는 겨울만 나는 게 아니라 1년 내내 머물며 하계대가 들어오기 전에 기지 연구시설을 정비함으로써 하계대의 안정적 연구 활동을 돕는 역할을 한다. 하계대는 상대적으로 따뜻한 11월부터 2월까지 남극의 여름에 들어와 연구한다.

남극 세종과학기지 부두 앞 고(故) 전재규 대원 흉상

| 고(故) 전재규(1976~2003) 대원 |

고(故) 전재규 대원은 2003년 12월 7일 남극 세종과학기지에서 제17차 월동연구대원으로 연구 활동 중 조난사고로 맥스웰만에서 실종된 동료대원을 구조하기 위해 해상 수색을 하는 과정에서 고무보트가 뒤집히면서 순직했다. 전 대원의 숭고한 희생정신과 극지에 대한 열정을 기리기 위해 전 대원의 모교인 서울대는 매년 전재규 추모학술대회, 극지연구소는 2011년부터 '전재규 젊은 과학자상'을 시상하고 있다. 이 사고를 계기로 기지 운영의 안전성을 확보하고 극지 연구 활동을 촉진하기 위해 극지연구지원육성법 제정, 쇄빙연구선 확보, 세종기지 운영 개선, 남극 제2 대륙기지 건설을 포함한 정부의 종합대책이 나왔다.

여자가 남극에 왜 왔냐고요?

남극에서도 여성의 진출을 막는 보이지 않는 장벽을 뜻하는 '유리천장'을 넘어 '얼음천장'을 깨는 일이 활발하다. 스타트는 1997년 세종기지 최초의 여성 월동연구대원이자 아시아 여성 최초로 1년간 남극에 상주한 의사 출신의 이명주 대원이 끊었다. 그녀가 가장 많이 받은 질문은 "어떻게 남극에 가려는 용감한 생각을 하게 되었나?". 그녀의 대답은 "그저 가고 싶어서 간 것뿐인데…." 이 대원은 『희망의 대륙 남극에 서다』(한국극지연구진흥회) '하얀 사막에서 보낸 일 년' 편에서 "나는 당시 스물일곱이었고 더 많은 경험을 하고 싶었던 것 같다. 남극에 가지 않았다면 아마 해외협력봉사단에 지원해 아프리카 오지에라도 가지 않았을까 생각해보기도 한다"고 했다.

도전정신 하나로 시작된 그녀의 남극 생활 1년은 그리 녹록지 않았다. 이전 세종기지는 남성만 존재했던 사실상 '금녀(禁女)의 공간'이어서 샤워실은 물론 화장실도 여성용이 따로 마련돼 있지 않았다. 일부 대원이 그녀에 대해 가진 '젊은 의사 아가씨'라는 생각을 바꿔 여성이 아닌 동료 대원으로 인정받는 데는 6개월 이상의 시간이 필요했다. 그래서 "남(男) 몰래 흘린 눈물이 한두 번이 아니었다"고 한다. 이 대원은 남성도 여성도 아닌 무성(無性)으로 지내야 했다. 그녀가 귀국 후 낸 책『여자가 남극엔 왜 왔어』의 책 표지 카피에는 '남성만의 세계로 알려진 남극, 그곳에 뛰어든 도전적인 여의사 이명주가 세종과학기지에서 보낸 여성도 남성도 아닌 무성(無性) 생활 1년에 얽힌 이야기'라고 적혀 있다.

그녀가 스키를 타다가 넘어져 오른쪽 엄지손가락을 삐는 부상을 당하자 동료 대원들은 그녀가 나을 때까지 2주간 식사 때마다 밥을 퍼주는 등 그녀에게 따뜻한 손을 내밀며 동료애를 발휘했다.

극지연구소 해양생물 연구 분야 전미사 연구원은 2010년 23차 월동연구대로 1년간 남극에서 생활했다. 전 연구원은 세 살배기 딸과 생이별까지 감수했다. 여성이라고 뒤로 빠지지 않고 늘 솔선수범하며 월동생활의 희로애락을 남성 대원과 똑같이 나누고자 노력했다. 한 가지 아쉬운 게 있다. 자신 때문에 생일날이면 생일을 맞은 대원을 발가벗겨 눈구덩이에 파묻는 전통이 한 해 중단돼서 미안한 마음이 든다고 했다.

전 연구원은 귀국 후 1년간의 남극 현장 연구를 바탕으로 〈2010년 남극 킹조지섬 마리안 소만 표층수에서의 미세조류와 환경요인의 시간적 변동〉이라는 논문을 발표했다.

세월이 흘러 2015년에는 세종기지가 건립된 지 28년 만에 첫 여성 월동연구대장이 탄생했다. 12번의 남극 연구 경험을 바탕으로 세종기지 앞바다의 기후변화에 따른 해양생태계 연구에서 다양한 학문적 업적을 쌓은 안인영 박사가 화제의 주인공. 안 박사는 17년간 남극 활동 50여 개국의 연합체인 남극조약협의당사자국 회의(ATCM) 환경보호위원회 정부 대표를 지냈다.

남극 세종과학기지 최초의 여성 월동연구대장인 안인영 박사 ⓒ 극지연구소

1부
남극 생활의 비밀

악천후 만났을 때 이글루 제작법

　남극에서 악천후를 만났거나 길을 잃어 헤맬 경우 불가피하게 텐트 없이 밤을 보내는 '비박(Bivouac)'을 하게 된다. 당황하지 말고 경사지를 이용하거나 평지인 경우 눈삽으로 설동, 참호, 스노우마운 즈(퀸즈), 이글루 같은 비상대피소를 만들어 우선 바람을 피할 수 있는 공간을 확보하는 게 중요하다. 바람을 피해 체온을 유지할 수 있는 마른 곳을 선택해 비박을 준비하고 음식이나 물은 될 수 있으면 따뜻하게 해 충분히 먹어 체력을 비축한다. 밤에 체온이 떨어지는 것을 막기 위해 옷을 여러 겹 껴입고 겉에는 방수피복을 입어 열 방출을 최대한 줄여야 한다. 또 불은 피우는 게 좋다. 단, 밀폐된 공간에서 불을 피울 때 질식 우려가 있으므로 주기적으로 환기해야 한다. 극지연구소가 제작한 『극지 안전 매뉴얼』에 소개된 긴급 대피소 설치법을 소개한다.

설동(snow cave)

　설동은 눈 속을 파서 만든 구덩이로 설동 기술은 천막을 사용하지 않고 눈을 이용해 임시 주거공간을 만드는 활동이다. 천막을 사용할 수 없는 상황에서 비박(Bivouac)을 피할 수 있는 방법이다. 설동은 경사면 눈 또는 삽으로 파기 적당한 정도로 잘 뭉쳐진 눈을 이용해 만든다. 젖거나 굳지 않은 눈은 붕괴 위험이 있으므로 피하는

설동 ⓒ 다음카페 설동만들기 (http://cafe. daum.net/shelter9)

게 상책이다. 좋은 상태의 눈으로 설동을 만들면 넓고 편안한 공간을 확보할 수 있다. ① 설동 입구를 자동차 바퀴 정도의 지름으로 파고 1m 안으로 더 파낸다. ② 입구 위층을 평평하게 다지고 그곳에 환기 구멍을 만든다. 거주 공간은 설동 가운데 마련하고, 모든 사용자가 드나들 수 있게 충분한 길이와 폭으로 제작한다. 입구를 통해 눈을 제거하고 거주공간을 평평하게 다진 뒤 적당한 높이로 천장을 만든다. ③ 대피소 내부에 난로를 설치하기 전에 천장을 찔러 테니스공 크기의 통풍구를 만든다.

이글루

이글루는 장기간 이용할 수 있는 대피처로 쾌적하고 아늑하게 만들 수 있다. 눈 블록을 위로 올라갈수록 좁아지는 나선형 형태로 쌓아 올리는 게 관건이다. 이를 위해 각 벽돌의 모양에 주의해야 하고 꼭대기 면은 이글루의 중심을 향해야 한다. 눈 블록 크기는 돔 바닥에서는 45×25×30cm이며 맨 위로 올라가면 약 절반 크기로 줄어든다. 돔 기울기를 밑바닥부터 만드는 게 포인트. 블록을 쌓고 나서 너무 위쪽에 돔 형태로 만들려면 꼭대기까지 쌓기 곤란하다. 천장의 여유 높이가 부족하다면 돔을 더 높이기보다 바닥을 파는 게 낫다.

① 눈 블록을 만들기 위해 눈이 충분한 곳 근처에 자리를 잡는다. 첫 블록은 이글루 바닥 자체에서 캐낼 수 있다. ② 바닥을 원 모양으로 표시한다. 각 개인이 쉴 수 있도록 지름은 2m 30cm 정도가 적당하다. 네 명 이상이 들어가야 한다면 이글루를 두 개 만드는 게 좋다. ③ 그려놓은 원을 따라 눈 블록을 쌓고 칼이나 톱으로 끝을 다

듬어 서로 맞춘다. 각 층은 아래층보다 5㎝ 이상 돌출되도록 하고, 꼭대기는 중심을 향해야 한다. ④ 이글루 눈 블록을 4단 정도 쌓았을 때 바람 반대 방향에 직각으로 40㎝ 입구를 판다. 한 사람은 안으로 들어가 블록을 받아 모양을 만들어가고 다른 사람은 바깥에서 블록을 위로 올리며 계속 쌓는다. ⑤ 맨 위 블록을 남는 공간에 맞춰 잘라 마무리한다. 벽면의 틈에는 눈을 뭉쳐 넣고 천장에는 환기구를 만든다. ⑥ 외부에 눈 더미를 만들면 바람에 대한 저항력을 높일 수 있다. 바람이 부는 쪽으로 비비 백을 걸어두면 풍식을 막을 수 있다. 시간이 있다면 출입구를 만드는 게 좋다, 눈 블록이나 팩을 문으로 이용한다.

눈으로 만든 참호

눈으로 만든 참호는 간단하고 빠르게 만들 수 있는 대피처다. 참호는 비상시에 임시 대피처로 활용할 수 있다. 간이 참대나 A자 지붕 모양의 설벽을 완비한 편안한 거처인 동물과 같이 사용될 수 있다. 눈으로 만든 참호는 경사면이 없고 솟아오른 부분이 없는 평지 표면에 적합하다. 눈 사면에 대피소를 만들거나 눈의 응집력이 부족해 설동이나 눈 더미를 만들기에 적합하지 않을 때 제 역할을 한다.

남극 올림픽과 남극 영화제

남극의 겨울인 7, 8월에는 킹조지섬의 각국 기지 대원들이 참여하는 남극 올림픽대회가 열린다. 7, 8월은 남극에서 가장 춥고 어두운 계절이다. 겨울이면 해가 뜨지 않아 각 기지 대원 간 서로 만날 기회가 적어 함께 즐기고 우애도 다지자는 취지로 남극 올림픽이 마련됐다. 대회를 통해 각국 기지 대원들은 남극에서 함께 살아가고 있다는 공동체의식을 느끼게 된다.

남극 올림픽 취지는 친선 경기이지만 막상 경기에 들어가면 각 나라를 대표한다는 생각에서 의외로 치열하다. 이 때문에 부상자가 종종 생긴다. 세종기지 대원들은 남극 올림픽 시즌이 다가오면 종목별 최정예 선수를 선발해 영하 20도가 넘는 혹한 속에서도 입김으로 손을 녹여가며 맹연습한다.

남극 올림픽은 킹조지섬에서 가장 큰 기지인 칠레 프레이기지에서 열린다. 특별한 사정이 없으면 한국, 칠레, 우루과이, 중국, 아르헨티나, 러시아, 브라질, 폴란드 등 8개국 기지 대원이 참여한다. 종목은 해마다 조금씩 다르긴 하지만 축구, 농구, 배구, 당구, 탁구 등 5개로 구성된다. 나흘간 남극 올림픽을 치르고 폐막식을 할 때면 모두가 하나가 되어 남극 공동체의 일원임을 새삼 확인하게 된다.

남극의 겨울에는 남극 올림픽뿐 아니라 남극 영화제도 열린다. 남극에 있는 어느 기지나 참여할 수 있다. 남극 각 나라 기지의 대원이 제각기 처한 환경과 보유한 소품을 활용하고 나름의 상상력을 보태 제작한 단편영화를 웹 사이트에 올리고 각국의 기지 대원들이 직접 평가에 참여하는 방식으로 진행된다. 남극의 혹독한 겨울철, 정신적으로나 육체적으로 힘든 시기에 열리는 남극 영화제는 대원들에게 모처럼 즐거움과 웃음을 선사하며 얼어붙은 마음을 녹여주는 역할을 한다.

스크린골프업체 골프존이 2009년 스크린골프 시설을 세종기지에 기증한 뒤 다른 나라 과학기지 대원들이 남극 대륙에서는 희귀한 스크린골프를 즐기기 위해 배를 타고 찾아온다. 바닥에 공을 놓고 골프채를 휘두르면 '딱' 소리와 함께 대형 화면에 시원하게 펼쳐진 골프장으로 공이 날아간다. 몸은 남극에 있어도 골프장에 온 것 같은 착각에 빠진다.

남극에서 태어났으니 내가 땅 주인?

아르헨티나는 1952년 3월 31일 남극반도 끝에 희망이라는 뜻의 에스페란사 기지를 준공했다. 육군 기지로 운영하다가 1970년대 중반 가족이 살 수 있게 개인주택을 지었다. 1977년 11월 임신 7개월인 팔마 부인을 비행기로 태우고 왔고 팔마 부인은 1978년 1월 7일 아들 에밀리오 마르코스를 낳았다. 남극반도의 끝 동쪽에 있는 세이무어섬에 있는 마람비오 공군기지에도 가족이 살 수 있는 마을이 있다. 아르헨티나 기지에서는 1983년 5월까지 8명의 아기가 태어났다. 아르헨티나 정부는 공식적으로 "남극에 가족이 생활하는데 적당한지를 연구한다"고 밝혔다. 아르헨티나의 이 같은 움직임에 대해 경쟁 관계에 있는 칠레도 킹조지섬 프레이기지에 가정집을 지어 장교 가족을 거주하게 했다. 이곳에서도 자연스럽게 아기가 태어났다.

남극조약은 남극의 영유권을 2048년까지 인정하지 않지만 남극 가까이에 있는 일부 국가는 자국민을 남극에 이주시켜 집을 짓고 살게 하거나 아예 남극에서 자국민을 태어나게 하고 있다. 이를 두고 남극 영유권을 주장하기 위한 이니셔티브(주도권)를 쥐려는 의도가 깔렸다는 해석이 나온다.

미국 맥머도 기지, 여름철 1,600명이 상주하는 소도시

　남극에 있는 과학기지 가운데 규모가 가장 큰 것은 로스섬에 있는 미국 맥머도 기지로 작은 시골 마을을 넘어 소도시에 가깝다. 여름에는 최대 1,600여 명을 수용하고 겨울에도 수백 명이 상주한다. 남극 대륙에서 사람이 가장 많이 사는 곳이다. 이곳에는 연구시설 외에도 식당, 24시간 운영하는 커피숍, 호텔, 현금자동입출금기(ATM), 술집, 와인바, 소방서 등 도시 생활에 필요한 웬만한 시설이 들어서 있다.

　술값은 맥주 3달러, 칵테일 4달러 수준으로 저렴하나 현금 결제만 가능하다. 신용카드 결제는 인터넷 통신이 원활하지 않아 안

미국 맥머도기지 안에 24시간 운영하는 커피숍 © www.scottafar.com

된다. 다행히 기지 내부에 웰스파고은행 ATM이 두 대 있으니 급하면 현금을 인출해 술값을 내면 된다. 술집에 파트타임 바텐더가 많을 때는 60명이 넘는다고 한다. 기지에 근무하는 배관공, 셔틀버스안내원, 건물 관리인 등이 한 달에 두세 번씩 돌아가며 파트타임으로 일한다.

남극의 초여름인 10월 31일 핼러윈데이에는 1년 중 가장 성대한 사교 파티가 열린다. 맥머도 기지의 인구가 80%가량 줄어드는 겨울철에는 모두 독방 사용이 가능하다. 남성과 여성의 성비가 75 대 25로 불균형이 심하지만 적지 않은 커플이 탄생한다고 한다.

C-17 같은 대형 수송기가 이착륙할 수 있는 페가수스 활주로도 있다. 만년빙 위에 세워진 이 비행장은 'Aviation Now'가 선정한 세계 최악의 공항 10개소에 올라 있을 정도로 악명 높다. 맥머도기지 측은 기온이 올라 활주로 얼음이 녹을 때면 얼음이 깨져서 미국 남극과학기지 월동대원이나 보급물자를 실은 대형 수송기가 이착륙하는 데 차질을 빚지 않을까 촉각을 곤두세운다. 하지만 실제 이 활주로를 이용해본 조종사들은 활주로 표면이 확실히 얼어 있을 때의 접지는 여타 공항 활주로에 내릴 때보다 훨씬 부드럽다는 반응이다.

1955년 세워진 맥머도 기지는 전력과 난방을 저렴하고 안정적으로 공급하기 위해 1962년 소형 원자력 발전소가 건설됐으나 기지 접근성 향상으로 연료 수송이 가능해지면서 1972년 가동이 중단됐다.

남극 생활 필수품

남극으로 출국하기 위해서는 활동계획서 등 필요 서류와 장비를 완벽히 갖춰야 한다. 남극 장보고·세종 과학기지에 도착한 뒤에는 현지에서 부족한 부분을 구하기 어렵다. 극지로 가기 전에 극지연구소가 제공하는 매뉴얼과 가이드북을 읽고 숙지하는 게 남극 생활에 도움이 된다.

사전 건강검진

남극지역은 기상상태 및 자연환경이 험난할 뿐 아니라 위급한 환자가 발생했을 경우 적시에 대처할 수 있는 의료시설이 극히 제한돼 있다. 따라서 질병이 있거나 남극에서 활동하는 데 지장이 있는 사람의 방문을 금지하고 있다. 남극을 방문하고자 하는 사람은 필히 개인적으로 사전 신체검사와 치과 검진, 치료를 받아야 한다.

극지 안전 및 환경교육

극지는 극저온, 블리자드, 크레바스 같은 환경요인에서부터 선박, 항공기 등 인간 활동에 이르기까지 위험 요소가 상존한다. 극지 안전과 관련된 여러 수칙을 준수하지 않으면 목숨을 잃을 가능성이 있는 위험한 곳이다. 이에 관한 사전 교육을 필수적으로 받아야 한다. 극지연구소는 월동연구대 및 하계연구대를 대상으로 매년 극지안전교육 및 환경교육을 하고 있다. 남극 방문 계획이 있는 사람은 극지연구소에서 매년 진행하는 극지 안전·환경교육을 이수해야 한다.

남극활동 허가가 필요한 이유

남극 환경 보호를 위한 국제적 노력의 하나로 '마드리드 환경보호의정서'와 '남극조약체제'를 구성하는 여러 국제협정은 각국이 국내법으로 당사국 국민의 남극 활동에 관해 일정한 허가 요건을 마련하도록 규정하고 있다. 우리나라는 남극활동 및 환경보호에 관한 법령이 마련돼 있다. 이 법에 따라 우리나라 국민이 남극 여행을 포함해 남극 활동을 하려는 경우 사전에 외교통상부로부터 반드시 사전 허가를 받아야 한다.

남극지역(남위 60도 이남의 육지·빙붕 및 수역과 그 상공)에서 과학조사, 시설물 설치, 탐험, 관광 등의 남극 활동을 수행하고자 하는 국민은 '남극여행 허가신청서'를 작성해 외교부 장관에게 제출해야 한다. 외교부 장관의 허가 없이 남극으로의 여행 등 남극 활동을 하는 경우 3년 이하의 징역 또는 3,000만 원 이하의 벌금에 처해질 수 있다.

의류 및 개인 용품

남극까지 가는 기간에 의류는 경유지 기후, 운송편, 체류 기간 및 남극 체재 시기의 기후에 맞게 준비해야 한다. 일반적으로 남극에 출입할 수 있는 시기는 11~2월인 점을 고려할 때 중간 경유지인 뉴질랜드와 호주는 여름철이므로 하복이 필요하다. 또한, 선박과 장보고과학기지에는 드라이클리닝 시설이 없으므로 물세탁이 가능한 종류로 준비하는 게 요령이다. 생활용수가 풍부하지 않으므로 내의류는 여유 있게 준비할 필요가 있다. 추위와 바람을 효과적으로 막으려면 몸에 넉넉한 크기의 옷을 준비해서 여러 종류의 옷을 겹쳐 입는 게 좋다.

특히 36.5도의 체온을 유지해주고 외부에서 신체로 유입되는 찬 공기를 차단하는 기능성 내의를 준비해야 한다. 소재의 기능으로는 피부와 직접 접촉하므로 촉감이 부드럽고 땀을 잘 흡수하면서 잘 마르게 하는 기능을 모두 충족하는 게 좋다. 면 소재 등은 촉감은 부드러우나 신체가 땀에 흠뻑 젖었을 때 잘 마르지 않아 체온을 빼앗는 역할을 하므로 바람직하지 않다. 땀이 자칫 저체온증을 유발할 수 있어 위험하다.

아울러 고글, 장갑, 양말, 안면모, 버프, 바라클라바, 방한모 등 눈, 손가락, 발가락, 귀, 코, 머리 등을 보온하는 '신체말단 보호복(Extreme layer)'도 준비해야 한다.

안경

안경을 쓰는 사람은 최소 2개 준비하고 렌즈의 도수를 기록하고 다녀야 한다. 콘택트렌즈를 착용할 경우 렌즈 케이스와 여분, 클리너를 준비한다. 남극에서는 야외 활동 중 분실되거나 파손됐을 때 새로 사거나 수리할 수 없다는 점을 염두에 둬야 한다.

선글라스

남극에서 흔히 나타나는 설맹(雪盲·snow blindness·자외선의 반사 때문에 일어나는 눈의 염증. 즉, 자외선에 의한 결막염) 현상을 예방하기 위해 성능이 우수한 선글라스를 필히 준비해야 한다. 반드시 UV(자외선 차단)가 100% 보호되는 선글라스여야 한다. 금속 재질은 피부에 얼어붙을 수 있으므로 플라스틱 재질을 준비한다. 귀, 코 등 태양으로 인해 영향받을 수 있는 신체 부위를 감쌀 수 있는 게 좋다.

야외 활동을 할 경우 선글라스와는 별도로 스키 고글을 준비해야 한다. 남극에서 장기간 체류하거나 월동하는 경우 분실이나 훼손에 대비해 여분의 선글라스와 스키고글이 필요하다.

피부 보호

극지는 건조한 지역이다. 이에 대비해 핸드크림, 립밤을 준비하면 도움이 된다. 선크림은 최소 SPF(자외선차단지수) 30 이상의 제품을 준비하고 UVB나 UVA가 커버돼야 하고 유통기한 안에 제품을 쓰는 게 바람직하다. 여름철에는 백야 현상으로 24시간 동안 해가 떠 있으므로 태양과 눈으로부터 피부를 보호해야 한다.

배터리

추운 날씨에 배터리는 빨리 소모될 수 있으므로 충분한 양의 배터리를 준비하는 게 좋다. 발전기와 태양열 충전기도 대안이 될 수 있다.

보험 가입

　남극을 방문하기 전에 필요한 각종 보험은 개인 또는 소속 기관에서 보험료를 부담해 반드시 가입할 필요가 있다. 남극 방문 기간에 필요한 생명보험, 남극까지 여행하는 과정에서 필요한 개인화물보험, 해외체류 기간에 발생하는 각종 부상에 대비한 여행자보험은 개인이나 소속 기관에서 가입해 만일의 사태에 대비해야 한다.

뉴질랜드 크라이스트처치 남극센터에서 남극 방문 예정자를 대상으로 진행되는 생존교육

試驗調査 祝
수 산 청

2부. 우리나라 남극 개척사

한국의 아문센, 부산수산대학교 이병돈 교수

우리나라 최초로 남극 대륙을 밟은 사람은 누구일까? 부산 사나이 고(故) 이병돈(1928~1995년) 부산수산대(현 부경대학교) 교수다. 이 교수는 1963년 3월 6일 미국 텍사스 A&M 대학 박사과정 유학 시절 미국-아르헨티나 공동남극해양조사단 연구원으로 아르헨티나 해군 조사선 '카피탄 카네파호'를 타고 남극 대륙의 알미란테 브라운 기지를 방문했다. 이

고(故) 이병돈 교수

는 1978년 12월~1979년 3월 우리나라 크릴 시험조업 조사선 '남북호', 1985년 11~12월 남극관측탐험대의 남극 과학탐사보다 각각 15년, 22년 앞선 것이다.

이 교수는 같은 해 9월과 1964년 7월에도 남극을 찾았다. 현재 세종과학기지가 있는 킹조지섬 북쪽의 드레이크 해협에 서식하는 동물플랑크톤 분포와 생물량에 관한 연구로 박사학위를 받고 1965년 11월 귀국했다. 이런 내용은 국제신문 1965년 11월 20일 자에 <남극대륙을 밟은 사나이, 부산수대 이병돈 교수>라는 제목의 기사로 대서특필됐다. 같은 해 11월 30일 자 부산수산대 대학신문『수대학보』

▲ 동의대학교 이인섭 교수가 아버지 이병돈 교수의 남극 방문을 국내 최초로 보도한 국제신문 1965년 11월 20일자 기사를 가리키고 있다. ⓒ 국제신문

▼ 수대학보 1965년 11월 30일자에 게재된 고(故) 이병돈 교수의 남극 방문 기사 ⓒ 부경대학교

에도 이 교수의 남극 탐사 기사가 실렸다.

　　이 교수의 아들인 이인섭 동의대학교 신소재공학과 교수는 "당시 국제신문 보도는 중앙일보 1966년 5월 21일 자에 소개된 아버지의 남극 방문 기사보다 6개월 빠른 국내 첫 보도"라고 말했다. 그러면서 "아버지는 1959년 내가 태어난 지 6개월 됐을 무렵 네 자녀와 어머니를 남겨두고 미국에 유학을 가셨다"며 "6·25전쟁 후 먹을 것이 없어 굶주렸던 조국의 식량문제를 해결할 목적이었다"고 설명했다.

　　이 교수는 부산수산대를 졸업하고 모교 교수로 재직하던 중 미화 50달러와 카메라 하나를 손에 들고 혼자 미국으로 유학 갔다. 카메라는 돈이 필요하면 팔 생각이었다고 한다. 아들 이인섭 교수는 "아버지가 남극 동물플랑크톤에 관해 쓴 미국 텍사스 A&M대학 박사학위 논문, 타자기를 제외하고 카메라를 포함한 유품은 대부분 사라져 아쉽다"고 털어놓았다.

　　이병돈 교수는 아르헨티나 해군 조사선에서 크릴을 잡아 시식해 봤더니 모양과 맛이 새우와 비슷하다며 고래잡이에 드는 노력을 크릴 잡이로 돌린다면 세계의 식량과 영양문제 해결에 큰 도움이 될 것이라고 주장했다. 남극 조사 후 이 교수는 이런 요지의 글을 남겼다.

조선일보 2010년 2월 9일 자 A33면에 실린 이병돈 교수 기사. 이 교수는 <대한민국 제1호> 시리즈 남극 탐사편의 주인공으로 소개됐다.

　　'고래 고기 10kg을 얻기 위해서는 100kg의 크릴이 있어야 하니 식량 공급이라는 관점에서 보면 고래 고기를 소비하는 것은 매우 비효율적이다. 크릴을 직접 먹어보니 맛도 괜찮아 사람이 바로 크릴을 먹는다면 세계의 식량 문제 해결에 큰 도움이 될 것이다.' (조선일보 2010년 2월 9일 자 A33면 대한민국 제1호-남극 탐사)

이병돈 교수는 울산 울주군 온양면에서 태어나 진주사범학교와 부산수산대 수산생물학과를 졸업하고 부산수산대 학장, 동의대 총장 등을 지냈다. 그는 1974년에 한국과학기술연구소(KIST) 부설 해양개발연구소(현 한국해양과학기술원·KIOST)의 초대 소장으로 부임해 우리나라 극지와 해양 연구의 주춧돌을 놓았다는 평가를 받고 있다.

'한국의 아문센' 이병돈 교수를 재조명해야 한다는 목소리가 커지고 있다. 국제신문은 남극 장보고과학기지 준공에 맞춰 <부산을 극지연구 허브로> 기획시리즈를 연재하면서 2014년 2월 24일 자 2면에 '한국 아문센은 옛 부산수산대 교수'라는 제목으로 이병돈 교수를 보도했다. 이 기사를 본 부경대학교는 온라인 소식지 '부경 투데이'에 "우리나라 최초로 남극 대륙을 밟은 사람은 부경인"이라는 내용과 함께 1965년 11월 30일 자 부산수산대 대학신문 '수대학보'에 실린 이 교수 기사를 소개하며 재조명에 나섰다.

이병돈 교수는 2015년 12월 1일~2016년 2월 28일 국립해양박물관 기획전시실에서 열린 '한국-노르웨이 남극과 북극의 만남' 행사를 통해 재조명받았다. 이 교수가 유학 시절 사용했던 타자기, 논문, 사진 등 10여 점이 전시됐다. 이 전시회는 1985년 한국해양소년단 연맹이 주도한 우리나라 최초 남극관측탐험대의 남극 과학탐사 30주년을 기념해 국립해양박물관, 주한노르웨이대사관, 노르웨이 프람박물관, (사)극지해양미래포럼이 공동 주최했다.

1985년 우리나라 최초의 남극관측탐험대원으로 활동했던 이동화 남경엔지니어링토건(부산 해운대구 우동) 대표는 남극에 가기 전 이병돈 교수로부터 격려를 받았다고 했다. 이 대표는 "이병돈 교수가 내가 남극에 간다는 소식을 듣고 대연동 부산수산대(현 부경대학교) 연구실로 불러 자신의 남극 탐험 경험을 이야기하며 격려와 조언을 해주셨다"고 회상했다. 이 대표는 이 교수가 동구 수정동 자신의 본가 바로 옆집에 사는 친구(동의대학교 이인섭 교수) 아버지라는 사실을 몇 년 전에야 뒤늦게 알게 됐다.

2015년 12월 국립해양박물관에서 열린 <한국-노르웨이 남극과 북극의 만남전> ⓒ 국제신문

남극 연구의 시작은 수산업 (크릴 시험 조업)

우리 정부의 남극 진출은 1978년 12월 7일 당시 박정희 대통령이 남북수산 남북호(5,549t·선장 이우기)와 수산청 국립수산진흥원(현 수산과학원) 조사단을 남빙양(남극해)에 보내 크릴 시험 조업에 나서게 하면서 시작됐다. 당시 우리나라는 러시아 해역에서 명태를 많이 잡았는데 러시아가 우리나라 명태 쿼터(할당량)를 줄이려고 하자 박 대통령은 우리나라 국민의 주요 단백질 공급원이었던 명태를 대체할 만한 수산물을 찾는 과정에서 크릴 시험 조업 계획이 나왔다.

우리나라 남극 진출은 수산업과 떼려야 뗄 수 없는 관계다. 조사단은 허종수 수산연구관을 단장으로 임기봉, 서상박, 방극순, 조태현 연구원으로 구성됐다. 국제신문 기자를 포함해 취재진 6명도 동승했다. 조사단은 1978년 12월 7일 부산항을 출발해 남빙양에서 크릴 511t을 잡은 뒤 이듬해 3월 17일 귀항했다.

당시 연구는 크릴의 자원생물학 연구와 서식환경에 초점을 맞추었지만 남극에서의 최초의 조사라는 점에서 상당히 의미 있다. 극지연구소 명예위원인 장순근 박사는 "남북호의 출항이 크릴을 중심으로 한 생물연구와 수산연구에 국한됐지만 국가가 경비를 부담하고 전문가가 참가해 이뤄진 극지연구의 효시라는 점은 분명하다"고 강조했다.

정부의 지원정책에 따라 1988년까지 남북수산, 대호원양, 동방

▲ 1978년 12월 7일 남북호 출항식. 현수막에 적힌 남극 새우는 크릴을 말한다.
▼ 기념촬영하는 국제신문 박두기(가운데) 기자. 박두기 기자가 국제신문 깃발을 배에 달고 있다.
ⓒ 국제신문

2부
우리나라 남극 개척사

원양 3개사가 17회에 걸쳐 시험조업 크릴을 잡았지만 어획량이 기대보다 부진했고, 가공식품도 제대로 개발되지 않아 사실상 실패했다. 그럼에도 남극 연구는 물론 원양 개척의 발판을 마련했다는 점에서 의미 있었다는 평가가 나온다.

수산진흥원의 『크릴 조사 보고서』를 보면 흥미로운 크릴 젓갈 비교 시험이 나온다. 1979년 2월 3일 엔더비 어장에서 잡은 크릴을 통상적인 방법으로 담은 젓갈과 원심분리기로 내장물을 제거해 담은 젓갈을 저온(10도)과 실온(12~25도)에 128일간 숙성하면서 품질을 비교했다. 통상의 방법으로 담은 크릴 젓갈은 실온과 저온에 보관한 것 모두 형체가 무너지고 액즙은 혼탁하고 맛과 냄새는 역겨워 젓갈로는 부적합하다는 결론을 얻었다. 반면 원심분리기로 내장물을 제거해 담은 젓갈은 실온에 저장한 것보다 품질이 양호했다. 크릴 개체는 원 상태를 유지하고 크릴 고유의 신선한 냄새를 풍겼다. 빛깔은 분홍색이고 맛이 좋은 것으로 나타났다.

그러다가 인성실업이 2년간의 시험 조업을 끝내고 1999년 3000t급 인성호를 남빙양 크릴 조업에 투입함으로써 시험 조업이 아닌 상업조업 시대를 열었다. 인성실업 박인성 회장이 2011년 창사 30주년을 맞아 출간한 『시련과 도전 30년』을 보면 그 당시 인성실업 부산사무소 벽면에는 '크릴 국산화 100% 그날까지'라고 적힌 액자가 가장 눈에 잘 띄는 곳에 걸려 있었다. 인성호가 크릴 조업을 시작하기 전에는 당시 낚시 미끼 등으로 소비되던 크릴을 100% 일본에서 수입해서 썼다. 인성실업 김정도 상무는 "남빙양 크릴조업이 성공하면서 일본산이 장악했던 국내 크릴시장을 4, 5년 만에 탈

환하고 일본에 역수출까지 하고 있다"며 "그 덕택에 각종 소비자용품 가격이 오른 데도 불구하고 크릴 가격은 10여 년 전보다 많이 내렸다"고 말했다.

파타고니아 이빨고기로 불리는 '메로' 개척은 오징어 대체어장을 찾는 과정에서 성사됐다. 1990년 초 유엔총회 결의로 우리나라 오징어 유자망 선단은 북서태평양(일명 무라사키 어장)에서 조업할 수 없게 됐다. 인성실업 제66인성호가 1992년 12월 28일 메로를 잡으러 부산항을 출항한 뒤 1993년 국내에 처음 들여왔다. 아시아에서 최초, 세계 다섯 번째로 저연승어업으로 메로를 잡는 법을 개발했다.

일식집에 나오는 메로가 소비자의 입맛을 사로잡기까지 우여곡절이 많았다. "1992년 오징어 대체어장을 개척하려고 아내와 함께 칠레로 갔다. 칠레 식당에서 15달러 하는 생선구이를 시켜 먹었는데 맛이 기가 막혔다. 더 시켰더니 수심 2,000m에 사는 메로라는 생선이 없어서 추가 주문을 받을 수 없다고 했다. 이거다 싶어 칠레 메로 어선의 조업 어장, 어선 형태, 어로 장비, 어구, 어법 및 미끼를 수소문해 어렵게 조업에 나섰다." 인성실업 박인성 회장의 회고다. 시행착오 끝에 메로를 잡았지만 우리나라에서는 잘 알려지지 않은 생선이어서 판로가 막막했다. 요리법을 개발해 골프장, 식당 등지에서 무료 시식회를 열고 홍보한 끝에 고급 음식으로 자리 잡았다.

남빙양 메로 어획. 메로 크기가 성인 키만 하다. ⓒ 인성실업

크릴 많이 먹고 설사

고 박정희 대통령 시절 1978년 12월 7일부터 1979년 3월 7일까지 91일간 남북수산 '남북호'(5,549t)의 남빙양 크릴 시험조업에는 국제신문 박두기 전 편집국장(당시 정경부 기자, 입사 3년 차)를 비롯해 취재진 6명이 동승해 죽을 고비를 넘기며 세계 8번째의 남빙양 진출을 기록했다. 남북호는 엔더비해에서 남극 대륙 30마일(48㎞)까지 접근했지만, 거대한 빙산과 유빙에 막혀 상륙에는 실패했다. 박두기 전 편집국장은 "배에서 다들 구명보트를 띄워 남극 대륙 상륙이 가능하리라 생각했지만, 바다 위에 무수히 산재해 있는 얼음 파편은 좌초에 따른 죽음의 공포감마저 자아내게 했다"고 회상했다. 박 전 국장은 "'빙산의 일각'이라는 말이 그때처럼 실감 나게 느껴진 적도 없었다"고 했다. 바다 위에 떠 있는 빙산은 전체 10분의 1만 밖으로 보이고 나머지 10분의 9는 수면 아래에 숨어 있어서 사람에게 보이지 않는다.

크릴

박 전 국장은 〈남빙양 3만 마일〉이라는 크릴 시험조업 동승기를 12회에 걸쳐 연재했다. 이와 함께 국제신문은 남북호 이우기 선장, 박형관 어로장, 임기봉 수산진흥원 연구관과의 좌담 및 '이것이 남빙양이다'는 화보도 실었다.

동승기와 좌담을 보면 남극해 진출에 관한 비사(秘史)가 소개돼 있다. 출발부터 순조롭지 못했다. 정부 융자 1억 5,000만 원으로는 채산성이 맞지 않아 선사 대부분이 출어를 포기했다. 남북수산이 장

▲ 1978년 12월~1979년 3월 남북호 크릴시험조업 동행 취재기를 담은 국제신문 <남빙양 3만 마일> 시리즈 기사
▼ 당시 화보
ⓒ 국제신문

2부
우리나라 남극 개척사

래를 내다보고 뛰어들었다. 부산 출항 후 3일 만에 특수 제작한 크릴잡이 그물을 올리는 모터가 고장 나 대만 가오슝항으로 회항해 열흘간 정박했다. 백야 현상으로 잠을 이룰 수 없었고, 죽을 고비도 여러 차례 넘겼다. 남극 엔더비 어장에서 사라호 태풍을 능가하는 태풍을 만났는데 5,549t급 배도 일엽편주(一葉片舟·한 조각의 작은 배)에 불과했다.

"이 광경을 필름에 담기 위해 문을 열고 밖으로 나가려고 했으나 불가능했다. 겨우 밀치고 나가니 꽁꽁 언 빙판 위에선 중심을 잡을 수가 없었고 바람에 날려갈 판이었다. (…) 겨우 선실에 기어들어와서야 '휴' 한숨을 쉬었다." (시리즈 9회) 박 전 국장은 동승기에 당시의 고생을 '황천(荒天) 항해'로 자주 표현했다.

크릴을 처음 건져 올린 감격은 아직도 잊을 수 없다고 했다. 감격의 눈물을 흘리고, 크릴에 입맞춤하는 이도 있었다. 크릴 맛은 어땠을까. 회로 먹으면 고소하면서도 비린내가 약간 나는 편. 초고추장과 함께 크릴 회를 많이 먹은 선원은 설사했다는 후문이다. 단백질 함유가 많기 때문이다.

박 전 국장은 "초대형 태풍을 피해 갑작스럽게 철수하는 바람에 단체기념 사진을 더운 인도양에서 방한복을 입고 찍을 정도로 우왕좌왕하고 힘들었지만, 남빙양 크릴 시험조업 성공은 한국 수산업 역사에서 1966년 북양(북태평양에서 이루어지는 어업) 개척에 이어 한 획을 그었다"고 의미를 부여했다.

남극서 잡은 크릴, 부산 용두산공원 수족관에 전시될 뻔

"그렇게 큰 파도는 난생처음이었습니다. 설마 했는데 10m가 넘는 파고가 3,000t급 배를 집어삼킬 듯했습니다. 바람이 어찌나 센지 살갗을 면도날로 찌르는 것 같던 추위를 잊을 수 없죠."

1980년대 초 세 차례 남빙양 크릴 시험 조업에 참여한 김영승 전 국립수산과학원 연구관은 30년 전 남극 항해를 생생하게 기억했다. 고생을 많이 한 탓일 터. 김 전 연구관은 1978년 11월 남북호의 첫 시험조업 이후 1981년 11월(2차), 1982년 11월(3차), 1983년 11월(4차) 세 차례에 걸쳐 대호원양 소속 '707 대호호'(3238t)를 타고 남빙양 시험 조업에 조사원으로 참여했다. 세 번의 남빙양 항해 기간을 합치면 344일. 그는 당시 국립수산진흥원 원양어업 담당자였다.

김영승 전 국립수산과학원
연구관 ⓒ 국제신문

김 전 연구관은 비행기를 타고 싱가포르로 이동한 다음 부산항에서 출발한 배와 합류했다. "쇄빙선이 아니라 어선을 타고 갔기 때문에 유빙에 갇히기 일쑤였어요. 유빙이 배와 부딪혀 철판을 긁는 소리는 징그럽고 소름 끼쳐요. 지금도 생각하면 온몸이 오싹 얼어붙는 것 같아요."

그는 "4차 시험조업 때 남극 크릴을 부산 용두산공원에 전시하려고 배 안에 수족관을 설치해 키웠는데 일본 근처까지 와서 다 죽었다"고 일화를 소개했다. 당시 크릴이 살아서 부산 용두산공원에 전시됐다면 부산시민에게 남극에 관한 관심과 흥미를 일찌감치 불러일으켰을지도 모를 일이다.

남빙양 크릴 시험 조업 남북호를 박물관으로

남극탐험대에 앞서 박정희 전 대통령 시절 남빙양(남극해) 크릴 시험조업 형태로 남극 진출이 이루어졌다. 남북수산의 '남북호'(5,549t·선장 이우기)와 국립수산진흥원(현 수산과학원) 조사단(단장 허종수)은 1978년 12월 7일 부산항을 출항해 남빙양에서 크릴 511t을 잡은 뒤 이듬해 3월 17일 귀항했다.

남북호는 이후 남북수산 소속 러시아 베링해 명태잡이 어선으로 활동했다. 이 배는 1974년 건조돼 선령이 40년이 훨씬 넘었다. 남북수산의 소유주가 바뀌는 우여곡절을 겪는 바람에 필자는 2014년 남극 시리즈 기사를 쓰면서 옛 남북수산, 한국원양산업협회, 국립수산과학원 등에 수소문한 끝에야 이 배의 현황을 겨우 파악할 수 있었다.

원양산업협회 이형균 해외협력2부장(전 부산지부장)은 "남빙양에 처음 진출한 남북호는 우리나라 남극 진출사에서 중요하다"고 말했다. 이 배가 은퇴하면 극지박물관에 소장할 가치가 충분히 있다는 얘기다.

남극을 세계 최초로 탐험한 아문센을 배출한 극지·해양 강국 노르웨이의 사례는 우리에게서 시사하는 바가 크다. 노르웨이는 8세기 말~11세기 초 해상으로부터 유럽 러시아 등에 침입한 노르만족(북게르만족)인 바이킹의 후예가 세운 나라다. 노르웨이는 북극과 남극을

남북호 ⓒ 국제신문

탐험하기 위해 1892년에 건조한 길이 39m, 너비 11m, 700t급 프람(Fram)호를 수도 오슬로에 있는 프람박물관에 전시하고 있다. 청소년과 시민들에게 노르웨이 선조의 개척정신을 일깨워주는가 하면 관광 자원으로도 활용하고 있다. 프람호는 극지의 얼음에 둘러싸여도 빙압을 잘 견딜 수 있게 설계돼 난센의 북극 탐험, 아문센의 남극 탐험, 스베르두르프의 그린란드 탐험 등에 두루 사용되며 남북극 관측 조사에 중요한 역할을 했다. 프람은 '전진'이라는 뜻이다.

일본 도쿄 오다이바 선박과학관 해변에는 퇴역한 일본 초대 남극관측선 소야(宗谷)호가 전시돼 있다. 소야호는 1938년 건조된 2,736t급 화물선으로 2차 세계대전에 참전한 뒤 남극관측선으로 용도를 바꿔 남극을 6번 다녀왔으며 1979년 퇴역했다. 2018년은 특히 소야호가 건조된 지 80주년이 되는 뜻깊은 해이기도 하다. 배 안을 둘러보면 소야호의 역사, 남극 관측과 관련된 역사와 사진을 볼 수 있다. 눈길을 끄는 대목은 남극 관측에 동행했던 개 타로(Taro)와 지로(Jiro)도 전시돼 있다. 이들 개는 일본의 남극 2차 탐험 때 탐험대와 함께 남극으로 갔다가 심한 눈 폭풍으로 인해 남극에 도달하지 못한 채 대원들만 구조되고 남겨졌다. 당시 개는 약간의 식량과 함께 한 섬에 남겨졌는데, 3차 남극탐험대가 그곳을 다시 찾았을 때 놀랍게도 살아 있었다고 한다.

▲ 일본 남극관측선 소야호
▼ 소야호 안내책자
© 오상준

初代南極観測船 宗谷

知っていますか? 今から80年ほど前の昭和13年（1938）に建造、第
き揚げ船・灯台補給船として活躍した後、昭和31年（1956）よりわが
往復しました。昭和53年（1978）引退、翌昭和54年（1979）よ
「宗谷」へようこそ！ さあ、それでは、船内をご案内しましょう。

남극 도전사 이끈 국제신문 1977년 신년호

국제신문 1977년 1월 1일 자 신년호. 국제신문은 〈격랑에의 도전〉이라는 기획시리즈(총 7회 연재)를 통해 세계 수산강국이 배타적 경제수역을 잇달아 선포하면서 어려움에 부닥친 우리 원양수산업

이 활로를 모색하기 위해 남빙양(남극해) 크릴을 비롯해 새로운 어장을 개척해야 한다고 정부에 제안했다. 1977년 1월 18일 자 1면에는 '남극 새우를 잡아라'는 기사를 통해 200해리 시대를 맞아 남빙양 어장 개발의 필요성을 보도했다. 남극 새우는 크릴을 말한다.

그로부터 1년 11개월 뒤 '응답'이 왔다. 당시 박정희 대통령은 원양어선 '남북호'를 남극에 보내 크릴을 잡도록 했다. 이 배는 부산항에서 출발했다. 우리나라 남극 진출사는 크릴 시험 조업이라는 수산자원 확보에서 시작됐다고 해도 과언이 아니다. 그 단초는 당시 국제신문 정경부 박기선 기자가 쓴 기획기사였다. 결과적으로 이 기사가 당시 수산청의 정책 입안에 영향을 미쳤고 남극 개척의 주춧돌을 놓았다.

극지는 기회의 땅이다. 하지만 준비하고 두드려야만 열리는 법. 가만히 있으면 아무것도 얻을 수 없다. 부산이 극지와 인연이 많은

것은 남북극으로 가는 출발항일 뿐 아니라 모험과 도전을 좋아하는 부산사람의 기질과 부합하기 때문이라는 분석이 나온다.

박기선 기자가 1977년 1월 신년호 기사를 쓴 지 38년이 지난 2015년 9월 2일 자 3면 국제신문 창간기념호에 〈부산을 극지연구 허브로Ⅱ〉-1부. 극지타운 세우자 기획기사를 다루면서 박기선 기자의 1977년 보도를 인용해 그 기사를 재조명했다. 당시 박 기자가 크릴 시험 조업의 필요성을 역설했던 것처럼 동북아 해양수도 부산에 청소년이 극지의 중요성을 체험하고 배울 수 있는 테마파크 형태의 극지체험관을 비롯한 극지타운을 세우자는 아젠다를 부산시에 제안했다. 부산시도 이 제안을 받아들여 남구 용호동 하수종말처리장 1만 평의 부지를 확보해 극지타운을 조성하기로 했다.

북극을 연구하고 있는 김종덕 해양수산개발원(KMI) 정책동향 연구본부장은 "극지는 접근하기도 쉽지 않고 당장 열리는 것이 아니다. 멀리 보고 꿈과 상상력을 발휘해 작은 것부터 하나씩 실천해가면 결실을 보게 될 것"이라고 조언했다.

1985년 우리나라 최초 남극관측탐험대 부산 사나이 4인방[*]

1985년 11월 16일 남극 킹조지섬에 태극기가 펄럭였다. 우리나라 최초의 공식 남극관측탐험대가 남극 탐험에 성공했다. 이튿날인 11월 17일에는 베이스캠프 뒷산에 올라 남극도전 의지를 담은 동판을 암벽에 못질하며 탐험 성공을 기원했다. 이 동판에는 '조용한 아침의 나라/ 대한의 남아들이/ 인류공영과 세계평화를 위하여/ 여기, 남극에 첫발을 디디다/ 한국남극관측탐험대 한국해양소년단연맹'이라고 적혀 있다.

남극관측탐험대가 남극에 설치한 기념 동판 ⓒ 한국해양소년단연맹

탐험대의 핵심 멤버로 꼽히는 윤석순 한국해양소년단연맹 총재(탐험대 단장·현 한국극지연구진흥회장, 부산고 출신), 장순근 해양연구소 연구원(현 극지연구소 명예연구위원·부산고 출신), 최효 해양연구소 연구원(강릉원주대학교 대기환경과학과 명예교수·경남고 출신), 이동화 대원(현 남경엔지니어링토건 대표·금성고 출신)이 모두 부산 사나이다. 이들은 우리나라 남극 탐험 1세대로 한국 극지 연구와 탐험을 개척했다는 평가를 받고 있다. 도전과 모험을 좋아하고 즐기는 부산 사나이의 기질이 반영됐다고 할 수 있다.

장순근 박사 ⓒ 국제신문

윤석순 회장은 "남극은 사실상 모험심 강한 부산사람이 개척한 땅이라고 해도 과언이 아니다. 남극은 항구도시 부산이 결코 잊어서는 안 되는 바다의 끝이자 새로운 대륙의 시작"이라고 강조했다. 그는 남극에 첫발을 내딛던 순간의 감흥을 아직도 생생하게 기억하고

최효 명예교수 ⓒ 국제신문

있다. "수송기 문이 열리자 하얀 들판만 보이는데 눈물이 주르르 흘러내리더군요. 맨주먹으로 무모하게 뛰어든 도전이었지요."

1985년 11월 남극 땅을 밟은 우리나라 최초의 남극관측탐험대 대원들 ⓒ 한국해양소년단연맹

*
1985년 우리나라 최초 남극관측탐험대 관련 내용은 당시 탐험대원으로 참여했던 이동화 남경엔지니어링토건 대표가 국제신문에 2014년 4~5월 8회에 걸쳐 연재했던 <이동화의 남극일기>를 참조했다.

1985년 남극 과학탐사 후원자 정주영, 박태준 회장과 향토 기업 프로스펙스

우리나라 첫 남극과학탐사의 최대 후원자는 고 정주영 현대그룹 회장이었다. 1985년 당시 정부는 "탐사가 위험하다"면서 소극적인 반응을 보였다. 남극 탐사가 민간 주도로 이뤄진 이유이기도 하다. 재정 지원도 순조롭지 않았다. 30년 전 한국해양소년단연맹 총재였던 윤석순 한국극지연구진흥회 회장은 정 회장을 찾아가 탐험계획서를 보여주며 후원을 요청했다. 정 회장은 "대단한 용기"라며 현금을 주면서 성공을 기원했다. 윤 회장은 "탐험의 성공에는 정 회장의 지원이 큰 도움이 됐다"고 말했다. 액수에 대해 윤 회장은 "좀 크게 도와줬다"고 말을 아꼈다.

현대건설이 1987년 완공된 남극 세종과학기지 건설을 맡았다. 정 회장은 한국에서 두 차례 남극에 지을 건물 조립을 예행연습까지 했다. 철저한 연습이었다는 게 윤 회장의 회고다. 정 회장이 건설을 진두지휘했다. 현대가 쓰려던 초대형 크레인이 탑재된 배를 내줘 건설단원까지 태우고 남극으로 향했고, 덕분에 불과 몇 달 만에 조립에 성공했다. 기지 완공 이후 문제가 생겼다. 현대건설이 남극기지를 건설하면서 20억 원의 적자를 보게 됐다. 당시 현대건설 사장이었던 이명박 전 대통령은 해양연구소를 상대로 소송을 걸었다. 나중에 알게 된 정 회장은 만류하며 일부만 보상받는 선에서 소송을 취하하도록 했다.

포항제철 박태준 회장도 남극 탐험을 적극적으로 도왔다. 당시 부산에 본사를 둔 향토기업으로 국내 굴지의 재벌에 속한 국제그룹 국제상사도 물심양면으로 지원을 아끼지 않았다. 국제상사는 당시 '프로스펙스'라는 유명 신발, 스포츠용품을 생산했다. 국제상사는 일본에서 고어텍스(방수, 방풍, 투습 섬유) 원단을 사 와서 대원들이 남극에서 입을 방한복과 텐트 등을 특수제작해줬다. 우리나라 최초 남극관측탐험 대원들이 남극에서 입고 신은 옷과 신발은 거의 모두 프로스펙스다. 국제그룹이 전두환 정권 시절 1986년 해체되는 등 우여곡절을 겪으면서 프로스펙스 브랜드는 현재 LG 네트워크스가 경영하고 있다.

부산 출신의 허형택 해양연구소 소장은 과학자 파견을 요청하는 해양소년단연맹에 "과학자는 있지만 자금이 없다"고 했다. 결국, 파견 과학자 2명 중 1명의 체재비를 해양연구소가 대고 나머지 1명은 해양소년단연맹에서 부담했다. 문화방송(MBC)도 연맹 측의 탐험 계획서를 보고 자비 부담으로 동행 취재했다. 경남 사천 출신의 김재철 전 MBC 사장이 당시 동행취재단 중 한 명이었다. 김 전 사장은 남극 취재 인연으로 MBC 사장 재임 당시 창사 50주년 특집 다큐멘터리 〈남극의 눈물〉 6부작을 2011년 12월 23일~2012년 8월 17일 방송해 호평을 받았다.

1985년 우리나라 최초의 남극관측탐험대 대원들이 사용했던 장비와 의류, 신발.
대부분이 부산의 향토기업 국제상사의 프로스펙스 제품이다. ⓒ 이동화

정보 부재로 낙하산 타고 남극 상륙작전(?) 구상

1985년 11월 16일, 한국 남극관측탐험대를 태운 C130 허큘리스 수송기는 남극 킹조지섬의 칠레 마쉬기지 활주로에 미끄러지듯 착륙했다. 눈 덮인 광활한 얼음 땅, 그 위에 한국 사람들이 발을 딛고 섰다.

사진과 수중탐사를 담당한 이동화 대원이 제일 먼저 비행기에서 내렸다. 공식적인 한국인 남극탐험대 방문 1호인 셈이다. 남극의 싸늘한 공기가 폐부를 찔러왔다. 이 대원은 "거대한 냉동 창고에 들어간 기분"이라고 당시를 회상했다.

이 대원은 남극 땅을 밟자마자 자신의 발등을 사진으로 찍었다. 대한민국 탐험대 최초로 남극 땅을 밟은 발, 그걸 증거로 남기겠다는 생각에서다. '남극에 미친 부산 사나이', '남극 또라이'라는 별명이 붙은 이동화 남경엔지니어링토건 대표는 평생 남극과의 인연이 그렇게 시작됐다. 그는 그 뒤 부산에서 남경엔지니어링토건을 운영하면서 남극 세종과학기지 부두와 장보고과학기지 건설에 참여하는 등 남극과의 인연을 이어가고 있다. 남경(南京)이라는 회사 이름도 남극의 수도라는 뜻. 2014년 국제신문, 부산지역 대학을 중심으로 창립한 극지해양미래포럼 운영위원회 부위원장을 맡고 있다. 이 대표에게 어떻게 1985년 남극 탐험에 나서게 됐는지 들어봤더니 당시의 정보 부족에 따른 우왕좌왕 준비 과정과 무모함에 가까운 도전정신을 확인할 수 있었다.

27세의 혈기왕성했던 1983년, 이동화 대원은 직장을 다니면서 해양소년단연맹 훈련대장으로 활동했다. 청소년에게 꿈과 희망을 줄 모험 거리를 찾는 게 관심사였다. 무인도 탐험과 낙동강 뗏목탐사는 9번이나 했다. 국내에서 더 새로운 도전 거리를 찾기가 힘들어 해외로 눈을 돌렸다. 그 시절, 우리나라는 에베레스트 등 히말라야 유수의 고봉을 차례로 정복하는 재미에 빠져있었다. 산악인이 죽음을 무릅쓰고 감행한 고산 정복기는 국민적 관심사가 됐다. 하지만 고산 등정에 흥미를 갖지 못했다. 이미 남들이 한 일이기 때문이다. 해양소년단연맹은 새로운 탐험 대상을 찾기 위해 산악인과 협의했다. 『사람과 산』발행인 홍석하 대표, 코오롱 등산학교 허욱 교장, 허정식, 이찬영 씨 등이 그들이다. 지금은 각 분야 원로가 됐고, 일부는 유명을 달리했다.

1985년 우리나라 최초의 남극 관측탐험대원이 출발 전에 쓴 각서 ⓒ 이동화

탐험 대상을 찾기는 쉽지 않았다. 얘기는 아마존 밀림에서부터 안데스산맥을 넘어 전 지구를 넘나들었지만 결론이 나지 않았다. 그러던 어느 날, 고인이 된 김현리 해양소년단연맹 사무총장과의 만남이 이뤄졌다. 그의 입에서 튀어나온 '남극'이라는 단어, 진한 느낌으로 다가왔다. 문제는 남극 탐험이 호락호락하지 않다는 점이다. 생사를 넘나드는 곳을 어떻게 청소년을 이끌고 가나? 고민 끝에 내린 결론은 청소년 대신 해양소년단연맹 지도자, 산악인과 함께 도전하자고. 돌이켜보면 우리나라 최초의 공식 남극관측탐험대를 파견하기로 한 결정은 역사의 한 페이지를 장식했다. 세종기지, 장보고기지

등 우리나라 남극 개척에 관한 모든 것의 단초가 됐다.

탐험 대상이 남극으로 정해지자 자료 조사에 들어갔다. 당시 남극에 관한 정보라 해봐야 백과사전 수준에서 벗어나지 못했다. 그러다 보니 황당한 제안이 난무했다. '남극으로 조업하러 가는 오징어잡이 원양어선을 이용하자. 고무보트로 상륙했다가 원양어선이 귀국할 때 같이 돌아오면 되지 않겠는가'. 지금 생각하면 어처구니없는 발상이다. 거친 파도를 헤치고 설사 고무보트로 상륙했다 치자. 날씨가 나빠 오징어배가 제때 오지 못하면 그냥 사지로 떨어진다. 남극해협까지 비행기를 타고 날아가 낙하산으로 뛰어내리자는 안까지 나왔다. 그러면 돌아올 땐 어떡하고? 정보가 그만큼 부족했다.

좌충우돌 끝에 미국의 극지 전문 가이드회사를 알게 됐다. 이 회사를 통해 비로소 제대로 된 극지 정보를 수집할 수 있었다. 2년 뒤 남극으로 떠나기까지 주고받은 팩스는 상자 몇 개가 될 만큼 방대했다. 이들 자료는 이동화 대표가 부산 영도구 동삼동 국립해양박물관에 기탁해 수장고에 보관 중이다. 준비물을 챙기고 유사시 대처방안을 세웠다. 지금은 뉴질랜드나 호주를 거치는 코스가 이용된다. 당시에는 그 경로를 몰라 미국을 거쳐 칠레 푼타아레나스에 도착해 남극으로 들어가는 군용 수송기를 이용했다.

후원자를 구하는 일도 쉽지 않았다. 언론사를 찾아다니며 탐사계획을 알리고 협조를 부탁했다. 반응은 시큰둥했다. 하고 많은 산을 놔두고 하필 펭귄만 사는 남극이냐는 핀잔을 들었다. 그래도 신선해 보였는지 탐험계획을 보도해 주었다. 뜻이 있으면 길은 열리게 마련. 보도를 본 전두환 당시 대통령이 해양소년단연맹 윤석순 총재

(현 한국극지연구진흥회 회장)를 청와대로 불렀다. 윤 총재는 남극 탐험의 중요성을 역설했고, 검토해보겠다는 대통령의 답변이 떨어졌다.

이후 자금 문제가 술술 풀렸다. 포항제철 박태준 회장과 현대그룹 정주영 회장이 거금을 쾌척했다. 돈이 모이자 그야말로 순풍에 돛이었다. MBC가 기자 4명을 특파하겠다고 나섰다. 극지연구소의 전신인 한국과학기술원 산하 해양연구소 장순근, 최효 두 명의 과학자도 동행하기로 했다. 훈련은 1년가량 걸렸다. 여름에 국도나 시골길을 하염없이 걸었다. 서울~부산을 도보로 오가다가 지치면 어디서든 잠을 청했다. 풍찬노숙(風餐露宿)이었다. 행색이 그러하니 영락없는 간첩 모양새였다. 당연히 간첩 신고로 여러 번 조사를 받았다. 취재진 4명을 포함해 총 17명으로 탐험대가 꾸려졌다. 주된 임무는 남극기지 건설을 위한 기초조사. 남극 최고봉 빈슨산 정복과 남극 수중 해양생물 조사가 덧붙여졌다.

준비를 마치고 정부에 탐험허가서를 제출했다. 당시는 해외여행이 힘든 시절이어서 결재 순서를 마냥 기다리기에는 시간이 촉박했다. 마음을 졸였지만 기우였다. 윤석순 탐험대 단장이 직접 대통령의 재가를 받아냈기 때문이다. 최고통수권자 단 한 사람의 사인으로 허가서를 손에 쥐었다. 1985년 11월, 대장정은 그렇게 시작됐다.

남극관측탐험대 이동화(수송기 앞 왼쪽) 대원이 1985년 11월 16일 C130 허큘리스 수송기를 타고
남극 킹조지섬 칠레 마쉬 기지에 내려 기념촬영을 하고 있다. ⓒ 이동화

전두환 대통령, 결재 후 "임자, 살아서 돌아와"

　　한국극지연구진흥회 윤석순 회장. 우리나라 극지 개척사에 빼놓을 수 없는 인물이다. 그는 1985년 우리나라 최초의 남극관측탐험대 단장으로 대원 17명을 이끌고 남극 탐험에 성공했다. 윤 회장을 비롯한 대원들의 목숨을 건 남극 탐사를 발판으로 우리나라는 세계 10위권 극지 강국으로 도약했다. 1986년 11월 남극조약에 가입했고 1988년 2월 남극 세종과학기지를 준공했다. 2002년에는 북극에 다산과학기지를 세우고 2009년 쇄빙연구선 아라온호를 건조했고 2014년 제2기지인 남극 장보고기지를 건립했다.

윤석순 회장 ⓒ 국제신문

　　윤 회장이 2015년 9월 18일 부산 영도구 동삼동 국립해양박물관에서 열린 〈극지 체험전〉 개막식에 참석했을 때 필자는 그를 인터뷰했다. 윤 회장은 극지 미래 30년을 위해 민간 차원의 적극적인 참여와 협력을 강조했다. "극지연구사업은 정부만 나서서 할 수 있는 일이 아니에요. 우리의 미래를 위한 국민 모두의 사업이죠. 30년 전 정부가 남극조약에 가입을 못해서 고심하고 있을 때 일개 청소년단체인 한국해양소년단연맹을 주축으로 한 남극관측탐험대의 남극 도전 성공이 오늘의 우리나라 극지연구사업을 있게 했듯이 정부의 노력뿐 아니라 민간 참여와 협력이야말로 극지연구사업의 원동력입니다. 국민의 관심과 협조가 절실해요."

윤 회장은 1985년 남극 탐험 준비 과정의 어려움과 비사(秘史)를 소개했다. "당시 외무부, 수산청을 찾아 협조를 구했지만 '산악인도 과학자도 아닌 전직 국회의원이 왜 저러나' 하는 곱지 않은 시선이었어요. 현대그룹 고 정주영 회장을 찾아가 경비를 지원받아 어렵게 준비를 끝냈어요. 사상 초유의 남극 탐험계획을 승인해주거나 탐사 과정에서 생길 수 있는 사고에 책임질 정부 부처가 없어 무작정 청와대를 찾아갔습니다. 전두환 대통령이 꼬치꼬치 캐묻는 질문에 대답하다 보니 허락받은 시간 15분을 훌쩍 넘겨 1시간 30분이 지났어요. 그렇게 주무부처 장관과 국무총리의 부서(副署) 없이 대통령의 사인만 있는 결재를 받았어요. '임자, 살아서 돌아와' 라며 등을 두드려 주던 기억이 아직도 생생합니다."

장관과 총리의 부서 없이 전두환 전 대통령이 서명한 남극관측탐험 계획서
© 이동화

부서(副署)란 법령이나 대통령의 국무에 관한 문서에 국무총리와 관계 국무위원이 함께 서명하는 일이나 서명을 뜻한다. 윤 회장은 '극한의 땅에서 미래를 향해 도전한 37인의 남극 에세이'라는 부제가 붙은 『희망의 대륙 남극에 서다』(한국극지연구진흥회, 휘즈프레스) 1장 '한국 최초의 남극관측탐험대'에서 전두환 전 대통령과의 면담 상황을 생생하게 전했다.

보고 후 대통령께 재개하여 주실 것을 요청드리자 결재란을 보시고는 "어! 이 사람아, 이건 주무 장관이나 국무총리 부서도 없지 않은가? 여기에 대통령이 어떻게 결재를 할 수가 있어. 이건 규정에 없는 일이야" 라고 깜짝 놀라시면서 거절하셨다. '큰일 났다'는 심정에서 "각하! 지금 우리 대원들이 청와대 앞에서 각하의 재가를 받고 나올 저를 초조하게 기다리고 있습니다. 각하께서 재가를 안 해주시면 보고 드렸다는 사실조차 믿지 않으려 할 것이며 일개 청소년단체의 모험적인 탐험에 연구기관이 어떻게 박사급 직원을 파견할 수 있겠습니까? 과학자 없는 관측탐험은 허사입니다. 역사상 초유인 남극관측탐험이라 주무부서도 없기 때문에 용기를 다해 각하께 보고 드린 것입니다. 저를 믿어주십시오. 꼭 성공해 전원 무사히 귀국 하겠습니다"라고 말씀드리는 순간 대통령께서는 펜을 잡아 힘주어 사인을 해주시면서 "그래, 꼭 성공하여 무사히 돌아오라"라고 손을 잡아 격려해 주셨다. 그 순간의 감격과 사명감이 원동력이 되어 탐험을 성공적으로 완수할 수 있었다.

그 결단 덕분에 극지연구사업의 튼튼한 토대가 마련됐다. "1985년 12월 23일 대통령께서 탐험에 성공한 대원들을 초청해 오찬을 베풀어주는 자리에서 남극조약 가입과 과학기지 건설의 필요성을 강조했더니 경제기획원장과 외무부 장관에게 바로 지시해 불과 2년여 만에 성사됐어요."

윤 회장은 향후 우리나라 극지 과제로 ▷남극 제3 과학기지 및 코리안 루트 건설 ▷제2 쇄빙연구선 건조와 극지연구 결과 산업 활성화 ▷북극항로 국적선사 본격 진출을 통한 유라시아 이니셔티브, 해운물류산업 선도 등 세 가지를 꼽았다.

윤 회장은 1937년 경남 창녕에서 태어나 부산고와 부산대를 졸업하고 11대 국회의원을 지냈다. 그는 2005년 국내 최초 극지 관련 민간연구기관인 한국극지연구진흥회를 창립하고 잡지 『극지인』을 펴내고 있다.

생리현상도 텐트 안에서 해결

한국 남극관측탐험대원들은 남극에 도착해 비행기에서 내린 뒤 돔형 텐트 6개와 식량 등의 짐을 나눠 들었다. 칠레기지로부터 추천 받은 숙영지 중 5㎞ 정도 떨어진 곳을 선택했다. 그곳에서 탐험대는 호된 남극 신고식을 치러야 했다. 남극은 추위보다 바람이 무서 웠다. 초속 30m의 블리자드(눈 폭풍) 탓에 앞이 제대로 보이지 않았 다. 영하 5도의 날씨라도 바람이 불면 금세 체감온도가 영하 20도 로 떨어졌다.

대원들이 애써 친 돔형텐트 6개 중 2개가 간밤에 매섭게 몰아친 블리자드(눈 폭풍)에 어디론가 날아가 버렸다. 4개의 텐트, 그 비좁은 곳에서 생활해야 했다. 물론 추위 때문에 생리현상도 텐트 안에서 해 결했다. 텐트 바닥 밑에 구덩이를 파고 거기에 용변을 볼 수밖에 없 었다. 그런 다음 텐트 바닥 천을 다시 덮었다. 그나마 냄새가 나지 않 은 게 위안이라면 위안이었다. 금방 얼기 때문이다.

탐사는 계획대로 두 팀으로 나눴다. 총 17명의 남극탐사 대원 중 빈슨매시프 등반 팀은 모두 7명. 허욱 등반부대장, 권오한, 이찬 영, 허정식, 김진원 대원과 보도기자 2명이 포함됐다. 홍석하 대장의 탐사 팀은 장순근, 최효, 오기세, 이동화, 홍재욱, 김희경, 김재철, 김 동완으로 이뤄졌다. 남극기지의 타당성 조사가 주 임무였다. 윤석순 단장과 홍 대장은 조만간 남극에 과학기지를 건립한다는 계획 아래

미리 준비한 페넌트를 가지고 킹조지섬의 각국 기지를 방문했다. 칠레 마쉬기지, 동독기지, 중국 장성기지, 러시아기지… 미 수교국까지 포함됐다. 친선 방문이었지만 정보를 꼼꼼하게 기록했다. 각 나라의 기지운용 방식과 그들이 연구하는 분야 등 무엇이든 챙겼다.

등반팀은 해발 4,897m의 빈슨산을 정복하는 코스였다. 산악인들로 구성된 등반팀은 혹한과 고산증, 불면증을 이겨내고 세계 6번째로 남극 최고봉 빈슨매시프에 올랐다.

수중 탐사는 이동화 대원이 맡았다. 남극 바닷속 생명체를 조사하고 샘플을 채취하는 일이었다. 생명을 건 탐사였다. 이 대원은 나름 스킨스쿠버 다이빙에는 자신이 있었지만 극지 다이빙은 경험이 없었다. 어떤 장비가 필요한지, 주의할 점이 무언지 정보가 전혀 없었다. 하는 수 없이 남극해를 탐사한 미국인 톰에게 도움을 청했다.

그 당시에는 보온성이 강한 드라이 슈트가 없었다. 그래서 보온성이 약한 습식 잠수복을 입고 후커 시스템(공기탱크를 이용한 잠수 방식이 아니라 표면에서 공기를 공급하는 잠수 방식)으로 바닷속으로 들어갔다. 미국인 톰은 물속에서 십여 분 견디다가 나가자는 수신호를 하며 물 밖으로 나가버렸다. 이 대원은 일에 몰두하다 보니 한 번 잠수에 40분 20초를 견뎌냈다. 미국인 톰도 혀를 내둘렀다.

남극의 바닷속은 상상 이상으로 차가웠다. 세 차례나 바다에 뛰어들었는데 지금 생각하면 용기가 아니라 위험천만한 만용이었다. 남극의 바닷속에는 생면부지의 남극 물고기와 생물, 원시 그대로의 무성한 바다 숲이 있었다. 탐험대 깃발과 태극기를 수중에 꽂고 촬영하면서 기록을 남겼다. 우리가 이곳을 다녀갔다는 증거였다.

▲ 우리나라 남극관측탐험대가 사용한 스노클링 장비와 잠수복 ⓒ 이동화
▼ 1985년 11월 남극 바닷속을 탐사하고 나온 이동화(오른쪽) 대원 ⓒ 이동화

2부
우리나라 남극 개척사

해양연구소 최효 박사는 기상 관측기를 설치하고 기후 관측을 시작했다. 지질학자 장순근 박사는 주변을 다니며 암석을 채취했다. 관측탐험대는 이렇게 산과 바다 등을 샅샅이 뒤졌다. 전 방위의 탐사는 민간 주도의 남극 관측탐험에 관한 국제공인을 받기 위해서였다. 국제공인은 우리나라가 남극조약에 가입하는 데 결정적인 역할을 했다. 이를 발판으로 우리나라는 1986년 11월 28일 세계 33번째로 남극조약에 가입했다. 2년 뒤인 1988년에 마침내 세종기지를 세울 수 있었다.

남극에 대한민국 우체국 설치한 까닭은

남극관측탐험대는 각자 주어진 임무를 성공적으로 마쳤다. 남극에 우체국을 설치한 것도 의미 있는 임무 중 하나다. 국내에서 미리 준비한 우리나라 남극우체국 소인이 찍힌 남극 탐험 기념엽서를 전 세계 남극 관계자에게 발송했다. 한국에 미국 우체국이 없고, 미국에 한국 우체국이 없듯이 남극에 우체국을 설치한 것은 '남극이 내 땅(대한민국 영토)'이라는 상징성을 담고 있다. 이 기념엽서는 남극에 오기 전에 체신청을 설득해 만들었다. 남극우체국장을 새로 임명하고 국가 소인까지 받았다. 이 소인은 현재 충남 천안에 있는 우정박물관에 보관 중이다.

또 다른 성과 중 하나는 당시 국교가 수립되지 않았던 소련(현재 러시아)과 중공(현재 중국)을 비롯한 남극에 먼저 진출한 나라와의 네트워크 구축이다. 남극에 가기 전에 외교 채널을 통해 당시 미수교국이었던 소련, 중공 등에 공문을 보내 협조를 요청했지만 이들 국가는 무응답으로 일관했다. 막상 남극관측탐험대가 남극에 도착해 중공 기지와 소련 기지를 찾아갔더니 대환영이었다. 남극에 와 있는 '남극인'이라는 사실 하나만으로 국적은 아무런 문제가 되지 않았다. 소련과 중공은 한국이 남극협약에 가입하고 남극에 기지를 설치하는 데 적극적으로 돕겠다고 약속했다. 이처럼 '남극인'에게 국적과 인종은 벽이 될 수 없었다. 탐사 한 달이 가까워지자 식량과 부식이 떨어지

우리나라 최초 남극 관측탐험 기념 엽서. '1985. 11. 16. 남극 기지'라는 우체국 소인이 찍혀 있다.
ⓒ 이동화

고 말았다. 나름 준비를 했지만 경험이 부족했고, 준비도 완벽할 수는 없었다. 여러 부분에서 미흡함이 드러났다. 그중에서 가장 예측이 크게 빗나간 게 바로 식량과 부식 문제였다. 다행히 인근 칠레기지에 가서 돈을 주고 겨우 식량과 부식을 조달할 수 있었다.

우리가 남극 땅을 밟은 것은 늦었지만 그래도 기회가 있음을 발견했다. 아직 주인이 정해지지 않았기 때문이다. 우리가 하기에 따라 우리 몫이 남아 있음을 알게 된 것은 큰 성과였다. 대원들은 남극 탐사를 마치고 돌아오면서 남극 기지를 빨리 세워야 한다는 조바심이 났다. 그리고 또 한 가지, 기지를 어디에 지을 것인가 하는 새로운 숙제를 가지고 왔다.

세종기지 3개월 만에 초고속으로 지은 비결은

　남극관측탐험대원으로 활동한 이동화 대원은 남극에서 돌아온 뒤 1987년 어느 날, 국무총리 비서실장으로부터 한 통의 전화를 받았다. 우리나라 최초의 남극과학기지인 세종과학기지 건설단이 곧 남극에 가는데 남극을 알고 있는 안전담당관이 필요하다며 같이 가겠느냐고 의향을 타진해왔다.

　이 대원은 현대건설 안전담당관으로 현장에서의 안전을 책임지는 일을 맡았다. 건설단은 168명으로 꾸려졌다. 1987년 9월, 당시 세계에서 유일하게 1,200t 크레인이 탑재된 '현대 HHI-1200호'는 기지를 짓는 데 필요한 모든 물자를 싣고 남극으로 향했다. 1,200t이라면 중형 승용차 800대와 맞먹는 무게다. 건설단은 현대 HHI-1200호가 칠레에 도착하는 시점에 맞춰 건설단 인력이 합류했다. 미국을 거쳐 칠레에 간 뒤 배에 합류했다. 다시 1주일 걸려 세종기지 건설 예정부지 앞바다에 도착할 수 있었다. 난공사였다. 대형 선박의 접안이 안 돼 바지선을 이용했다. 배에 싣고 온 바지선을 크레인으로 바다 위에 내린 다음 중장비를 비롯한 모든 물자를 그 위에 실었다. 다시 예인선이 바지선을 뭍까지 끌고 갔다. 그곳엔 길조차 없으니 길을 내며 전진해야 했다. 먼저 중장비가 길을 닦으면서 조금씩 세종기지 부지로 다가가는 형식이었다.

　일단 모든 장비와 물자가 이송되자 공사는 일사천리로 진행됐

세종과학기지 공사과정 ⓒ 이동화

다. 안전담당관이 하는 일 중 특별한 것이 술 관리. 식사 때가 되면 추위를 잊기 위해 반주로 소주 한 잔씩을 지급했다. 그게 현장 근로자에게 가당키나 하겠는가. 공사 기간은 하늘이 무너져도 반드시 맞춰야 한다. 한데 추운 날씨에 일만 하는 근로자들은 특별한 낙이 없으니 소주를 달라고 졸랐다. 이런 심리를 이용해 공사 하나하나의 구간이 끝날 때마다 소주를 주기로 했다. 꽤 효과를 봤다. 세종기지는 순수 공사 기간 36일과 하역 등을 포함해 3개월 만에 모습을 드러냈다.

공사 속도가 빠른 건 이유가 있었다. 기초를 다져 미리 준비된 주춧돌을 놓고 철골을 세운 다음 바닥, 벽체, 지붕을 조립하는 식으로 미리 만들어갔기 때문이다. 현지에서는 조립만 제대로 하면 끝이었다. 땅도 예상과 달리 쉽게 파였고 바위도 많지 않았다. 기초공사도 1m만 파면 영구 동토라 더 팔 이유가 없었다. 국내에서 가져간 두께 1m 기초를 땅 1m를 파서 묻으면 그만이었다. 그만큼 치밀하게 준비한 덕분이다.

주변 다른 나라 기지 사람들은 이구동성으로 "당신네 기지는 3년 안에 남극 바람에 다 날아가고 말 것"이라고 호언장담했다. 자신들이 3년에서 5년에 걸쳐 지은 것을 5개월 만에 지었으니 그런 소리가 나올 만했다. 하지만 세종기지는 최근 약간의 보수가 있었지만 30년을 잘 버티고 있다.

우리나라 최초 남극관측탐험대 귀국보고회에 선 이동화(왼쪽 두 번째) 대원 ⓒ 이동화

세종기지 1차 월동대, 식량 부족

1988년 3월 해양연구소 소속 남극 1차 월동대 10명이 세종기지에 도착했다. 그들은 준비가 미흡했다. 쌀을 제외한 기호품, 생필품이 터무니없이 부족했다. 자기네들도 황당해하기는 마찬가지였다. 월동대는 도저히 감당이 안 되었는지 본국과 의논한 뒤 남극체류 경험이 있는 이동화 안전담당관에게 기지에 남아달라고 요청했다.

이 담당관은 가족이 보고 싶긴 했지만 당시 한참 극지 생활에 매료돼 있었다. 이 담당관은 "5개월의 극지 생활은 조금 짧지 않나, 그런 생각이었다"고 당시를 회상했다. 이 담당관은 졸지에 해양연구소 세종기지 1차 월동대원이 되었다. 1989년 2월까지 해양연구소 직원으로 발령을 받고 다시 남극에서 근무했다.

추운 날씨에 생필품은 턱없이 부족했다. 이를 구하는 게 급선무였다. 현대건설 세종기지 건설단이 떠나기 전에 할 일은 분명했다. 바다에 떠 있는 '현대 HHI-1200호'에 밧줄을 타고 올라가서 생필품을 훔쳐 오는 것. 1차 월동대가 남극 실정을 모르고 준비가 미흡해서다. 쌀을 제외한 모든 생필품이 부족했다. 배에 올라가 물건을 훔쳐 오지 않으면 월동 자체가 불가능했다. 남극 생활에 필요한 모든 것이 도둑질의 대상이 됐다. 라면, 계란, 채소, 간장 할 것 없이 닥치는 대로 훔쳤다. 심지어 소형 냉장고도 빠지지 않았다.

현대건설 근로자들은 물건을 훔치러 가면 모른 체했다. 이 담당관은 "뻔히 알면서도 일부러 고개를 돌리던 그들의 그 따뜻함은 지금 생각해도 가슴이 훈훈하다"고 회상했다. 부식이랑 생필품이 회사 재산이니 자진해서 줄 수는 없는 법. 그저 모른 체 해주는 게 월동대의 생명을 살리는 일이었다. 그들은 1차 월동대의 사정을 뻔히 알고 있었다. 동병상련(同病相憐). 극지에서 고생한 게 그런 동지애를 느끼게 했던 모양이다. 그들은 오히려 사용하던 물건까지 아낌없이 주고 갔다. 너무나 고마운 그들의 행동에 동지애마저 느낄 정도로 가슴이 뜨거웠다.

도둑질도 마다하지 않았지만 물자는 태부족이었다. 1년 치라고 가져온 담배는 3개월 만에 다 떨어졌다. 중국 기지에 가서 사정을 이야기하고 담배를 얻어왔다. 중국 대원들은 처음에는 거저 주더니 우리 월동대가 너무 자주 찾아가니까 나중에는 돈을 받고 담배를 팔았다. 1차 월동대는 지질, 생물, 기상 분야 과학자 4명과 전기, 설비, 의무, 주방 등 지원 분야를 합해 13명으로 구성됐다. 대부분 30, 40대였다. 이들의 남극 생활은 대체로 단조로웠다. 날씨가 좋을 때면 과학자들은 여러 가지 조사 활동을 하다가 기상이 나빠지면 실내에서 지내는 일이 반복되었다.

남극에서의 여름과 겨울은 천양지차다. 여름에는 활동하기도 좋고 위험도 적지만 겨울은 혹독했다. 밤이 긴 데다 추위도 견디기 어려웠다. 게다가 바람이 몰아치면 생명의 위협을 느꼈다. 바깥에 쌓아둔 널빤지 등이 날아다녀 함부로 나다니지도 못했다. 하계대는 차수가 없지만 월동대는 위험한 만큼 차수가 붙어 있다. 2018년 32차 월동대가 남극 세종기지에 갔으니 이제 제법 연륜이 쌓인 셈이다.

우리나라 극지 연구 주도권, 해양이 쥔 것은 우연

국내 극지 탐사와 연구에서 해양 분야가 자원이나 지질 분야를 제치고 주도권을 잡은 것은 우연이다. 1985년 민간 주도의 첫 남극 탐사를 진행한 한국해양소년단연맹은 당시 규모가 비교적 큰 동력자원연구소, 지질자원연구소에서부터 규모가 작은 해양연구소에 이르기까지 과학자를 파견해 달라는 공문을 보냈다. 큰 연구소들은 '해당 사항 없음'이라는 차가운 반응을 보인 반면 해양연구소 허형택 소장은 '2명을 추천하되 한 명 경비는 귀측 부담으로 해 달라'는 답장을 보내왔다. 해양연구소는 남극 탐험에 장순근(지질학, 미고생물학), 최효(기상학) 박사를 파견했다. 1명의 비용은 해양연구소가, 나머지 1명의 비용은 해양소년단연맹이 부담했다. 이를 계기로 우리나라 극지 사업은 자연스럽게 해양연구소가 담당하는 것으로 교통정리가 됐다. 당시 한국과학기술연구소(KIST) 부설 해양연구소는 이후 한국해양연구소로 독립되고 부설 극지연구소를 거느리는 규모가 큰 연구기관으로 발전했다.

당시 박긍식 동력자원연구소장은 남극에 과학자를 파견해 달라는 해양소년단연맹의 공문을 보고받지 못해 모르고 있다가 1987년 과학기술처 장관이 되고 나서 남극 세종과학기지 준공식(1988년 2월) 때 동력자원연구소 중간 간부가 자신에게 보고하지 않은 사실을 뒤늦게 알고 땅을 치고 후회했다고 한다. 동력자원연구소 간부의 보고

누락으로 남극 탐사를 포함한 극지 연구의 주도권은 해양 분야가 잡게 됐다. 현재 극지 연구의 주무 부처는 해양수산부다.

당시 상황은 충분히 이해가 된다. 해양소년단연맹이 남극 탐사에 앞서 정부의 협조를 얻으려고 외무부, 과학기술처, 수산청 등에 자료 협조와 후원을 요청했으나 유사시 책임 문제를 우려해서인지 정부 부처마다 시큰둥한 반응을 보였다. 하물며 정부 부처의 눈치를 봐야 하는 산하 연구소는 오죽했으랴.

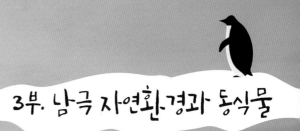

3부. 남극 자연환경과 동식물

남극이 추울까? 북극이 추울까?

같은 극지라도 남극과 북극은 많이 다르다. 눈과 얼음으로 덮여 있는 혹독한 추위라는 공통점이 있지만 이곳에 사는 생명의 흔적은 그 근원부터가 다르다. 남극 대륙은 1억 8,000만 년 전 거대 대륙(곤드와나 대륙)에서 떨어져 나온 땅덩어리 일부가 지구 남쪽으로 떠내려와 만들어졌다. 그 이후 내린 눈이 쌓인 채 다져지면서 대륙의 98%가 평균 2,000m의 얼음으로 덮여 모든 육상 동식물이 멸종하고 말았다. 이에 비해 육지와 얼음으로 연결된 북극은 남쪽에 있는 육상 동물의 이동이 가능하다. 그래서일까 남극에는 인류가 터전을 잡지 못했지만 북극에는 이누이트(에스키모)가 살고 있다.

남극과 북극 가운데 어디가 더 추울까? 일단 양쪽 대표지역을 놓고 보자. 북극권에서 가장 춥다는 북동 시베리아의 오이먀콘 지역이 섭씨 영하 71도를 기록한 데 비해 남극 러시아 보스토크 기지에서는 지구에서 측정된 최저 기온인 영하 89.2도를 나타냈다. 대표지역은 물론 같은 위도상에서도 평균적으로 남극이 북극보다 더 춥다. 북극은 대부분 바다로 이루어져 열을 오래 잡아둘 수 있을 뿐 아니라 북극해로 흘러드는 멕시코 난류의 영향을 받지만 남극은 하나의 대륙으로 이루어져 열을 쉽게 방출하기 때문이다. 육지는 햇빛을 받으면 빨리 데워지고 햇빛이 사라지면 빨리 식는다. 이와 달리 바다는 데워지고 식는 데 육지보다 시간이 더 오래 걸린다. 게다가 빙

| 이누이트와 에스키모의 용어 차이 |

이누이트는 북극지역 원주민으로 사람을 뜻함. 에스키모는 서구인 관점에서 본 원주민으로 생고기를 먹는 사람이라는 뜻. 에스키모는 이누이트를 폄하하는 의미를 담고 있다.

하로 뒤덮여 있어 태양열을 90% 가까이 반사해버리기 때문이다. 어두운 색은 열을 흡수하는 반면 하얀색은 열을 반사하는 '알베도 효과'가 작용한다. 알베도 효과 때문에 더운 날 흰옷을 입으면 검은 옷을 입을 때보다 더 시원하다. 또한, 겨울 동안 남극대륙으로 불어오는 강한 편서풍은 북쪽으로부터의 따뜻한 공기 유입을 가로막는다.

백야와 극야는 지구가 삐딱해서 생긴다

지구는 팽이처럼 자전을 한다. 팽이가 약간 기울어져 돌 듯 지구도 오른쪽으로 23.5도 기울어져서 돈다. 지구는 태양을 도는 위치에 따라 햇빛을 받는 면이 달라진다. 그 결과 지구에 계절의 변화가 생긴다. 중위도 지역은 겨울에 해가 늦게 뜨고 일찍 지고, 여름에는 해가 일찍 지고 늦게 진다. 북극과 남극은 여름에 낮이 계속되고(백야) 겨울에는 밤이 계속된다(극야). 극지방에서 벗어나 북위 66.5도와 남위 66.5도보다 위도가 낮아지면 백야 현상과 극야 현상은 사라진다.

지구가 둥글어서 햇빛이 모든 곳을 구석구석 비추지는 않는다는 뜻이다. 극지는 태양 빛의 입사각(광선이 평면에 입사할 때 그 평면의 수직선과 이루는 각)이 가장 큰 지역이다. 입사각이 클수록 태양 빛은 바닥과 거의 평행하게 내리쬐므로 일조량이 적다. 또 태양광선이 지구 대기권을 통과해 극지에 도달하려면 훨씬 더 멀리 가야 한다. 극지가 추운 것도 이 때문이다.

북극이 겨울이면 남극은 여름이다. 북극에 겨울이 찾아오면 남극은 여름이 된다. 북극에 백야가 이어지면 남극에는 극야가 계속된다. 이와 반대로 남극에 백야가 오면 북극은 극야가 온다. 태양의 움직임이 다르기 때문이다. 우리가 사는 중위도 지역은 해가 동쪽에서 떠서 서쪽으로 지지만 극지방은 태양이 1년 중 100일가량 하늘에 계

속 떠 있거나 아예 뜨지 않는다. 필자가 2015년 11월 남극 장보고과
학기지에서 일주일간 지냈을 때 백야가 계속돼 밤에도 환해서 블라
인드를 치고 잠을 청했다.

　이 모든 것이 지구의 자전축이 황도면에 수직 방향에서 23.5도
기울어져 있기 때문에 생기는 현상이다. 만약 지구의 자전축이 기울
어지지 않았다면 남극점과 북극점은 물론 전 지구에서 밤과 낮의 길
이가 각각 12시간으로 같아서 계절의 변화가 생기지 않을 것이다.

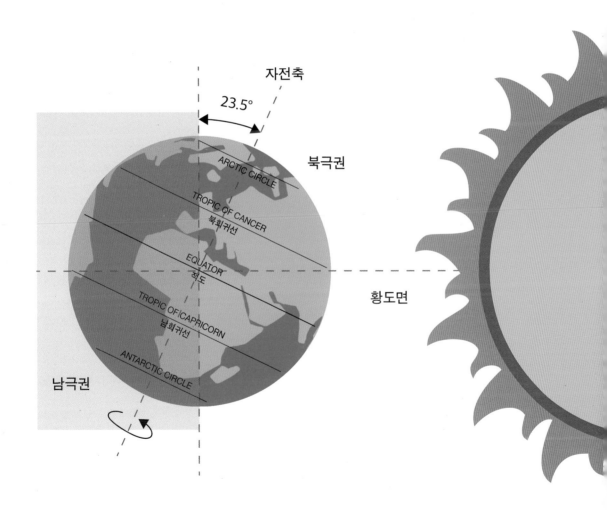

보이는 것을 믿지 마라 - 실제 거리보다 가깝게 느껴져

　남극의 공기가 너무 깨끗해 스모그 등으로 오염된 도시인의 시각으로는 도저히 거리를 가늠할 수 없어 위험에 빠질 수 있다. 가시 거리가 60㎞가 넘다 보니 멀리 떨어진 곳도 바로 앞에 있는 것처럼 느껴진다. 실제 거리의 3분의 1이나 4분의 1 정도 짧게 느껴진다는 뜻이다. 가까이 있다고 느끼고 다가가면 계속 멀어지는 경우가 다반사다. 남극 대륙의 지평선 위에 빙산이 보이면 사람들은 해안에 거의 다 도착했다고 착각하지만 아무리 다가가도 해안에 닿지 않아 실망하기도 한다.

느끼는 거리

실제거리

남극에서의 시각적 거리

　북극에서도 남극처럼 착시 현상이 생기기는 마찬가지. 1909년 미국의 탐험가 로버트 피어리는 세계 최초로 북극점에 도착했다. 그때 피어리는 탐험지도에 표시되지 않은 땅을 발견하고 '크로커 랜드'라고 불렀다. 1913년 피어리가 봤다는 크로커 랜드를 찾아 한 탐험대가 북극으로 갔으나 찾을 수 없었다. 왜냐하면 피어리가 본 크로커 랜드라는 것은 실제 땅이 아니라 신기루였기 때문이다. 극지방에 신기루가 나타나는 것은 위쪽 공기와 아래쪽 공기의 온도가 달라서다. 신기루는 아주 맑은 날 아침에 주로 나타난다. 아침에 해가 뜨면 위쪽 공기는 따뜻해지지만 지표면 공기는 여전히 차갑다. 온도가 다른 공기는 서로 다른 렌즈와 같아서 빛이 그 경계면을 지나면 방향이 꺾이게 된다. 그래서 실제 지평선 너머에 멀리 있는 산이나 빙산이 가깝게 떠올라 보인다.

극지방의 신기루는 햇볕이 쨍쨍 내리쬐는 사막이나 아스팔트 위의 신기루와 다르다. 극지방 신기루는 아래쪽 찬 공기와 위쪽 따뜻한 공기가 만나서 생기는 데 비해 사막과 아스팔트 신기루는 아래쪽 뜨거운 공기와 위쪽 찬 공기가 만나 생긴다. 극지방 신기루는 실제보다 위쪽에 생기고, 사막이나 아스팔트 신기루는 실제보다 아래쪽에 생긴다.

사람을 똑바로 서지 못하게 하는 강한 바람

남극에서는 특히 바람을 조심해야 한다. 바람이 세차게 불면 사람이 똑바로 서서 다니지 못할 정도다. 오스트레일리아 지질학자 더글라스 모슨(1882~1958) 경은 남극 아델리섬 해안에서 1912~1913년 겨울을 보낸 뒤『폭풍설의 고향』이라는 책을 썼다. 그는 책에서 "바람이 너무 세서 서서 다니지 못했고 앞으로 크게 고개를 숙이거나 기어 다녔다"고 남극의 강한 바람을 표현했다.

풍속이 초속 25m 정도면 사람이 바람을 안고 걷기 힘들어지고 초속 35m면 숨쉬기 곤란해진다. 초속 40m가 넘으면 몸이 날린다. 낙엽처럼 허공으로 날리는 게 아니라 중심을 잃으며 쓰러져 굴러간다는 얘기다. 낮은 온도에서 바람이 강해지면 사람이 느끼는 체감 추위는 훨씬 심해지므로 바람도 기온 못지않게 위험하다.

남극에는 대륙 안쪽 높은 곳에서 해안의 낮으로 바람이 아주 강하게 분다. 이 바람이 눈을 동반해 초속 14m 이상 불어 닥쳐 시계를 150m 이하로 떨어뜨릴 경우를 블리자드(눈 폭풍)라고 부른다. 블리자드가 몰아치면 남극 세종과학기지 숙소에서 30m 떨어진 본관까지 가는 데도 상당한 준비가 필요하다. 아무리 준비한다 해도 어느 틈에 몸속으로 스며든 눈가루가 체온에 녹으면서 몸이 젖고 만다. 블리자드 예보가 있으면 세종기지 대원들은 근무 위치에서 비상 대기한다. 건물 작은 틈새라도 있으면 비집고 눈가루가 밀려들어 이내 수북이 쌓인 뒤 녹으면서 연구 기자재나 발전기 같은 설비가 침수되면 심각한 타격을 받을 수 있기 때문이다. 블리자드가 오면 시야가 확보되지 않아 안전사고의 위험이 커서 꼭 필요한 경우를 제외하고는 기지 밖 활동도 금지된다.

장보고과학기지는 지형 특성상 블리자드보다 활강풍(카타바틱)의 위력이 강하다. 활강풍은 남극 중심으로 갈수록 고도가 높아지는데 산꼭대기에서 차갑게 식은 공기가 산등성이를 타고 낮은 해안가로 밀려오면서 일으키는 바람을 말한다. 대개 초당 5m가량 불지만 심하면 수십 m를 넘기도 한다.

블리자드, 카타바틱은 화이트 아웃, 환상방황 현상을 일으켜 대원들을 위험에 몰아넣기도 한다. 이런 상황에 처하면 있던 자리에 그대로 있으면서 날씨가 좋아지기를 기다리는 게 남극 생존전략 중 하나다. 부근을 잘 안다고, 목표가 가깝다고 움직이면 더 위험해질 수 있다.

화이트 아웃(White out, 白視)

주위가 온통 눈과 얼음으로 뒤덮인 극지에서는 갑자기 물체 그림자가 없어지면서 눈앞의 모든 것이 하얗게 변해버리는 화이트 아웃 현상이 발생한다. 화이트 아웃 현상이 발생하면 입체감과 원근감이 사라져 지형과 방향을 구분할 수 없다. 이로 인해 비행기 조종사들은 물체를 구분하지 못해 산이나 벽에 부딪히기도 한다. 실제 화이트 아웃 현상으로 비행기가 추락한 사고가 발생했다. 1977년 11월 28일 뉴질랜드 항공사의 901 비행기가 남극 관광을 하려는 탑승객

▲ 남극 세종과학기지에 블리자드가 몰아치자 한 대원이 똑바로 서지 못한 채 힘겹게 걸어가고 있다.
▼ 블리자드가 지나간 뒤 세종기지 대원들이 출입문을 막은 눈을 치우고 있다.

3부
남극 자연환경과 동식물

237명과 승무원 20여 명을 태우고 남극으로 비행했다. 비행기는 화이트 아웃 현상으로 하얗게 숨어버리는 남극 에러버스산(높이 3,794m)과 충돌해 승객 전원이 사망했다.

　이동 중인 탐사대원들은 방향을 인식하지 못해 조난당하기도 한다. 하늘을 나는 새도 빙벽이나 눈에 부딪힐 정도다. 주변 지형을 아무리 잘 알아도 앞이 잘 보이지 않을 때는 섣불리 움직이지 말고 그 자리에서 시야가 확보될 때까지 기다리는 게 현명하다. 잘못 나섰다가는 길을 잃고 체력과 체온이 떨어져 위험해질 수 있어서다.

환상방황(環狀彷徨, Ringwanderung(링반데룽))

　2005년 개봉된 임필성 감독, 송강호 주연의 영화 〈남극일기〉에 블리자드 속에서 길을 잃고 방황하던 대원이 자기가 출발한 지점으로 되돌아온 것을 알고 맥이 풀려 주저앉는 장면이 나온다. 이처럼 한자리를 빙빙 맴도는 현상을 환상방황이라고 한다. 환상방황은 안개나 폭우, 폭설 등으로 방향감각을 잃어버려 계속 똑같은 지역을 맴도는 현상을 말한다. 자신은 목표물을 향해 직선으로 이동하고 있다고 생각하지만 결국 출발 지점으로 되돌아오고 만다. 동물실험에서도 이런 현상이 밝혀졌다. 집을 찾아가는 비둘기니 개의 눈을 가리면 비둘기는 하늘 위를 크게 맴돌고만 있고 물에 빠진 개는 강 중간에서 오고가도 못하고 큰 원을 그리며 그 자리에서 헤엄친다. 환상방황에 빠졌을 때는 움직이지 말고 그 자리에서 방한대책을 마련한 뒤 기상조건이 좋아질 때까지 기다리는 게 상책이다. 피로와 불안이 겹치면 환상방황에서 빠져나오기 더 어려워진다.

신비한 오로라

남극을 비롯한 극지에서 볼 수 있는 신비한 현상 중 하나가 오로라. 하늘이 불타듯이 붉게 되거나 초록색 커튼이 나타나거나 노란색 띠가 하늘을 휘감는 것처럼 하다가 사라진다. 오로라는 우주에서 지구로 날려 오는 전기를 띤 태양풍 입자들이 지구자기장 안으로 끌려 들어오면서 대기 성분과 부딪혀 나타나는 현상을 말한다.

남극 어디서나 오로라를 볼 수 있는 것은 아니다. 지자기 남극점(남위 78도 30분, 동경 111도)을 중심으로 반경 2,500~3,500km의 원형 지역에서 나타난다. 지자기 남극점이란 지구를 하나의 커다란 자석으로 볼 때 지구 중심에서 지구 자전축에 12도가량 기울어져 있다고 생각되는 막대자석이 지구 남쪽 표면과 만나는 점이다.

김예동 전 극지연구소장이 2014년 11월 18일 부산해양자연사박물관에서 극지해양미래포럼 초청으로 부산국제중학교 2, 3학년생 130명에게 '남극을 향한 인류의 무한한 도전'이라는 제목의 초청강연을 하면서 남극 장보고과학기지에서 촬영한 오로라 동영상을 보여주자 "우~와~" 하는 탄성이 여기저기서 터져 나왔다. 김 전 소장이 "별을 배경으로 불타는 것 같은 오로라를 보니 뭐가 생각나느냐"고 묻자 "산불", "삼겹살"이라는 대답이 나왔다. 당시 오로라 동영상을 보고 신기했던 필자는 남극 장보고과학기지 취재 가면 오로라를 볼 수 있을 거라고 잔뜩 기대했는데 보지 못했다. 오로라는 극야

기간에만 볼 수 있는데, 필자가 남극에 갔을 때는 백야 기간이었다.

남극 극야 기간에 장보고기지 주변 밤하늘을 수놓은 오로라 © 김용수 이과 전무의

남극의 모든 동물은 크릴을 먹고 산다

남극에 사는 모든 동물은 크릴(krill)을 먹고 산다. 남극대구, 남극빙어 등 어류에서부터 고래, 해표 같은 포유류와 펭귄, 가마우지, 도둑갈매기 같은 조류에 이르기까지 그렇다. 흰긴수염고래는 매일 엄청난 양의 크릴을 먹어치운다.

크릴은 남극 먹이사슬에서 대단히 중요하다. 크릴은 식물성 플랑크톤과 포식자를 연결하는 역할을 한다. 남극과 북극을 취재한 국제신문 사진부 박수현 선임기자는 "다양한 포식자들이 단 한 종류의 먹잇감에 의존하는 현상은 지구 어디에서도 찾아볼 수 없는 남극만의 특이한 현상"이라고 설명했다.

크릴(난바다곤쟁이류)은 흔히 크릴새우로 불리지만 엄밀히 말하면 크릴은 새우가 아니다. 크릴과 새우는 겉모습이 비슷하지만 모양과 사는 방식이 다르다. 크릴은 노르웨이어로 '새끼 물고기'라는 뜻이다. 크기가 4~6㎝가량의 제법 큰 동물 플랑크톤이고 게와 가재 같은 갑각류다. 이들은 규조류라는 아주 작은 식물 플랑크톤을 잡아먹고 산다. 입 주위에 미세하게 발달한 수염 같은 필터로 식물 플랑크톤을 포함한 작은 부유 생물을 잡아먹고 사는 것이다. 여름에 해수면 가까이 떠올라 플랑크톤을 섭취하고 겨울에는 해저로 내려가 죽어서 가라앉은 플랑크톤 사체를 먹는다.

크릴은 인류의 식량자원으로 주목받고 있다. 해양 과학자들이

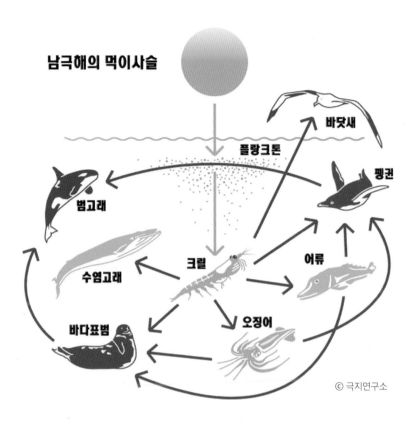

남극해의 먹이사슬

바닷새

플랑크톤

펭귄

범고래

크릴

어류

수염고래

바다표범

오징어

© 극지연구소

크릴

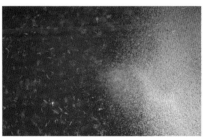

크릴 떼 © 그린피스

추정하는 크릴의 자원량은 8억t. 한 해 전 세계 수산물 어획량이 1억 t에 못 미치는 현실을 감안하면 엄청난 양이다. 영양가도 높다. 살코기는 고단백질에 필수 지방산, 오메가3를 포함하고 있고 껍데기에는 키틴과 키토산이 함유돼 있다. 문제는 크릴에 함유된 불소를 제거하기 쉽지 않다는 점이다. 크릴은 잡은 지 한 시간가량 지나면 하얗게 변색되므로 잡아서 바로 냉동한 뒤 유통시켜야 한다. 크릴은 대규모로 떼 지어 헤엄친다. 거대한 크릴 무리는 어마어마하게 커서 배의 전파탐지기나 인공위성에도 잡힐 정도다.

　우리나라는 세계 3위의 크릴 조업국이다. 우리나라 인성실업과 노르웨이 에이커바이오마린과 림프로스트, 중국 시엔에프시, 칠레 페스카칠레 5개 업체가 속해 있는 '크릴어업체연합(ARK)'은 남극해 크릴 어획량의 85%를 차지한다. 크릴어업체연합은 2018년 7월 남극해양생물자원보존위원회(CCAMLR) 회의에서 ARK의 크릴 조업이 남극 해양생물계에 미칠 영향을 고려해 중요한 발표를 했다. 이들 기업은 남극해 남셰틀랜드 군도 인근 해역 48.1해구 5개 지역 중 3곳을 펭귄 서식지 보호구역으로 설정해 자발적으로 조업을 중단하기로 했다.

서로의 체온으로 추위 견뎌내는 황제펭귄의 허들링

영하 50도 안팎의 혹한과 초속 50m의 블리자드(눈 폭풍)로 모든 생명체가 숨죽인 남극의 겨울에도 활동하는 동물이 있다. 서로 몸을 꼭 붙이는 허들링(Huddling)으로 추위를 버텨내는 황제펭귄이 그 주인공. 황제펭귄은 남극의 겨울에 알을 낳고 태어난 새끼를 키운다. 허들링은 황제펭귄들이 옹기종기 모여서 서로의 몸을 붙여 체온을 나누는 방법. 황제펭귄이 혹한에 얼어 죽지 않고 살아남기 위해 짜낸 지혜의 산물이다. 뭉쳐야 산다는 공동체적 삶의 방식을 잘 보여준다.

서로의 몸을 빽빽이 밀착시켜 몇 겹의 원형으로 한 덩어리를 이루는데 바깥쪽에 선 펭귄의 체온이 떨어지면 안쪽에 있는 다른 펭귄이 자리를 교대하면서 집단 전체의 체온을 유지하고 혹독한 추위를 이겨낸다. 가장 안쪽과 바깥쪽 온도 차이는 10도 안팎. 가로 1m, 세로 1m의 면적에 초등학생 덩치의 황제펭귄 20마리가량이 빼곡하게 들어가 서로의 체온을 나눌 정도로 밀착한다. 황제펭귄은 지구상에 있는 18종의 펭귄 중 몸집이 가장 크다. 키는 최대 122㎝, 몸무게는 22~45㎏. 사람으로 치면 초등학교 저학년 학생에 해당한다.

이처럼 황제펭귄 무리가 얼어 죽지 않고 생존할 수 있는 비결은 서로 배려하고 협력하기 때문이다. 서로 배척하지 않고 부둥켜안음으로써 불가능을 가능으로 바꾼 셈이다. 신영복 선생의 옥중서간집

『감옥으로부터의 사색』 중 1985년 8월에 계수님께 보낸 구절을 떠오르게 한다.

'없는 사람이 살기는 겨울보다 여름이 낫다고 하지만 교도소의 우리들은 없이 살기는 더합니다만 차라리 겨울을 택합니다. 왜냐하면 여름 징역의 열 가지 스무 가지 장점을 일시에 무색케 해버리는 결정적인 사실, 여름 징역은 자기의 바로 옆 사람을 증오하게 한다는 사실 때문입니다. 모로 누워 칼잠을 자야 하는 좁은 잠자리는 옆 사람을 단지 삼십칠 도의 열 덩어리로만 느끼게 합니다. 이것은 옆 사람의 체온으로 추위를 이겨나가는 겨울철의 원시적 우정과는 극명한 대조를 이루는 형벌 중의 형벌입니다.'

실제 극지에서 구조가 늦어질 때 생존을 위한 매뉴얼에도 '펭귄 대형'이라는 게 있다. 개방된 장소에서 위험에 처했는데 대피시설을 지을 수 없는 상황이라면 펭귄 대형을 이뤄 열 손실을 줄여야 한다. 여러분의 패딩이 있다면 바닥에 깔고 서로 밀착해 열을 지어 앉아 팔은 앞사람의 겨드랑이나 어깨 아래에 넣고 최대한 온기를 유지한다. 추위가 심해지면 바람이 부는 쪽에 앉아 있던 사람이 바람에서 먼 쪽으로 이동한다. 황제펭귄이 혹한을 버티는 방법을 인간이 벤치마킹한 것이 펭귄 대형이다.

황제펭귄의 육아는 특이하게도 수컷이 담당한다. 암컷은 알을 낳은 뒤 수컷에게 알을 맡기고 먹이를 찾아 바다로 떠난다. 수컷은 암컷이 돌아오기까지 4개월 동안 영하 50도의 혹한과 초속 50m의 눈

엄마, 아빠, 아기 펭귄. 행복한 황제펭귄 가족 ▶

보라 속에서 알과 갓 태어난 새끼를 돌본다. 이 기간 수컷은 빙산 조
각을 깨 먹으며 수분만 섭취한다. 수컷은 새끼가 태어나면 음식을 소
화하지 않고 위벽에 저장해둔 먹이를 토해내 새끼에게 먹인다. '펭귄
밀크'로 불린다. 황제펭귄은 바다에 있을 때 에너지를 많이 저장하는
데 그때 새끼를 위해 미리 배 속에 소화되지 않은 음식을 비축해둔
다. 음식이 위벽에 반쯤 소화된 채 붙어 있다가 토해내면 새끼가 먹
을 수 있게 말이다. 먹다 남긴 음식을 토해서 먹이는 것을 찝찝하게
생각할 필요가 없다. 펭귄밀크는 영양이 풍부해 새끼가 먹고 나면 추
위를 이겨내고 성장할 수 있다. 겨우내 제대로 먹지도, 자지도 못한
채 알을 품고 자신이 가진 모든 것을 새끼에게 주고 나면 수컷의 몸
무게는 3분의 1로 줄어든다.

엄마 펭귄과 새끼 펭귄 뽀뽀 ▶

황제펭귄 가족들

얼음 바닥에 배 깔고 썰매 즐기는 황제펭귄

장보고과학기지에서 헬기를 타고 20분가량 비행하면 황제펭귄 군서지인 남극특별보호구역(ASPA, Antarctic Specially Protected Area)인 케이프워싱턴에 도착한다. 이곳은 황제펭귄 군서지로 수천 마리의 황제펭귄을 관찰할 수 있다.

"꾸악~ 꾸악~." 수천 마리의 황제펭귄들이 이방인의 방문을 반기며 인사했다. 필자가 탄 헬기가 착륙을 시도하자 황제펭귄들이 헬기 아래로 모여들었다. 펭귄들은 짧은 다리로 뒤뚱거리며 턱시도를 입은 배 나온 신사처럼 보였다.

암컷이 돌아오고 새끼들이 어느 정도 성장한 남극의 여름, 황제펭귄 군서지에는 활력이 넘쳤다. 어느 정도 성장한 새끼들은 나지막한 얼음 언덕에 올라 자신의 배를 바닥에 깔고 마치 썰매를 타는 것처럼 신나게 노는 장면을 목격할 수 있었다. 여름철 사람들이 더위를 피해 워터파크에 있는 물 미끄럼을 즐기는 장면이 오버랩 된다. 아울러 인간 세상의 유치원이나 어린이집처럼 수십 마리의 새끼 펭귄을 어른 펭귄 한두 마리가 보살펴주는 모습도 눈에 띄었다.

▲ 언덕에 오르는 새끼 황제펭귄들
▼ 어른 펭귄 한 마리가 새끼 펭귄 수십 마리를 돌보고 있다.
인간 세상의 어린이집이나 유치원을 연상하게 한다.

엎드려서 휴식을 취하는 황제펭귄

도둑갈매기가 황제펭귄 새끼를 낚아채 잡아먹으려고 저공비행을 하고 있다.

조사에 나선 인간을 뒤따라오는 펭귄들. 펭귄 모습이 마치 썰매를 타는 듯하다.

황제펭귄을 관찰하며 사진을 찍고 있는 극지연구소 정호성 박사.

사냥에 나선 펭귄들이 무리 지어 바다 위를 날듯이 헤엄치고 있다.

펭귄 깃털에 물이 달라붙지 않는 이유

펭귄은 혹독한 남극의 환경에 잘 적응한다. 남극의 바람과 추위를 견뎌내기 위해 촘촘하게 나 있는 깃털 바깥쪽에는 기름이 발라져 있어 물이 스며들지 못한다. 대개의 새는 잘 날기 위해 몸이 가벼운 편이지만 펭귄은 오히려 속이 꽉 찬 무거운 뼈를 가지고 강력한 날갯짓으로 헤엄을 친다.

과학자들이 펭귄 깃털을 면밀히 조사한 결과 털에 아주 미세한 나노 구조가 있고 털이 몸에 젖지 않게 특별한 기름이 분비되는 것으로 밝혀졌다. 이런 연구 결과는 2015년 11월 23일 자 <사이언스데일리>에 실렸다. 미국 로스앤젤레스 캘리포니아대학 가베퍼 교수는 펭귄이 나오는 자연 다큐멘터리를 보다가 물 밖으로 나온 펭귄 깃털에 얼음조각이 달라붙어 있지 않은 점을 신기하게 여겨 연구를 시작했다. 남극의 기온이라면 물 밖에 나오는 순간 금방 물방울이 얼어붙어야 하는데 그러지 않아 호기심이 발동했다. 연구팀은 펭귄의 결빙방지 능력을 밝히고자 샌디에이고 시월드 수족관에서 얻은 펭귄 깃털을 주사전자현미경으로 관찰했다. 관찰 결과 깃털에 공기를 품고 있는 아주 미세한 구멍을 발견했다. 이 때문에 물이 달라붙지 못한다는 사실을 확인했다. 이렇게 물과 떨어지는 즉, 물과 섞이지 않는 성질을 소수성(hydrophbic)이라고 한다. 소수성 가운데 물과 섞이지 않는 정도가 더 강한 것을 초소수성이라고 한다. 초소수성 표

황제펭귄 발

물이 달라붙지 않는 황제펭귄 깃털 ▶

면에는 물이 달라붙지 않고 공 모양의 물방울이 만들어진다. 표면에 흡수되지 않고 방울방울 굴러떨어진다. 마치 연잎 위에 떨어진 빗방울이 구르는 것처럼 말이다. 펭귄 깃털에 묻은 물방울은 물 밖에 나와 얼기 전에 굴러떨어진다.

이와 달리 물과 친화력이 높은 성질은 친수성(hydrophilic)이라고 한다. 개는 이런 기능성을 가지지 못해 털이 젖으면 몸을 흔들어 물을 털어야 하고, 사람도 머리를 감고 나서 수건으로 닦고 헤어드라이어로 말려야 한다.

김웅서 한국해양과학기술원(KIOST) 원장은 펭귄의 결빙방지 능력은 우리 실생활에도 많이 응용된다고 소개했다. 비행기 날개에 얼음이 달라붙게 되면 비행효율이 떨어질 뿐 아니라 추락으로도 이어질 수도 있어서 항공사는 날개에 결빙을 막기 위해 화학처리제를 사용하고 있다.

이빨로 해빙(海氷) 뚫을 수 있는 웨델해표

해표류는 세계적으로 18종이 분포한다. 이중 남극권에서 발견되는 해표류에는 웨델(Weddell), 크랩이터(Crab eater), 표범(Leopard), 코끼리(Elephant), 로스(Ross) 해표가 있다. 남위 62도에 위치한 남극세종과학기지 인근 해역에서는 웨델, 크랩이터, 표범, 코끼리 해표를 관찰할 수 있지만 겨울이면 영하 35도까지 곤두박질치는 장보고과학기지(남위 74도) 해역에는 웨델해표가 주종을 이룬다. 왜 그럴까?

웨델해표는 송곳니로 해빙(海氷)에 구멍을 뚫을 수 있기 때문이다. 장보고기지 인근 바다는 해빙으로 온통 덮여 있어 숨구멍을 스스로 뚫지 못하는 남극의 절대 포식자 표범해표와 범고래가 들어오지 못한다. 웨델해표는 몸길이 2.5~3m에 체중은 400kg가량이다. 웨델이란 이름은 남극을 탐험한 영국 탐험가 제임스 웨델(JAmes Weddell 1787~1834)에서 따왔다.

이빨로 얼음을 뚫을 수 있는 웨델해표

필자가 국제신문 박수현 기자와 함께 2015년 11월 남극 장보고과학기지 해빙 지대를 지나는데, 얼음 위로 지름 50cm 남짓한 구멍이 여럿 보였다. 해표 숨구멍이었다. 남극대구 등 어류를 사냥하는 포유류 해표는 물속에서 오랜 시간 버틸 수 있지만 숨은 물 밖에서 쉬어야 한다. 얼마나 지났을까. 웨델해표 한 마리가 숨구멍을 통해 모습을 드러냈다. 순진해 보이는 큰 눈을 물 밖으로 내민 채 주위를 두리번거렸다. 이방인을 발견하고 잠시 멀뚱멀뚱 쳐다보지만, 이내 경

장보고과학기지 인근 해빙지대에서 웨델해표가 얼음 숨구멍 위로 머리를 내밀고 있다.

3부
남극 자연환경과 동식물

계심을 버리고 얼음 위로 올라왔다. 장보고과학기지 2차 월동대 강천윤 대장은 "웨델해표가 보인다는 것은 기지 주변 두께 2.6㎡의 단단한 얼음 사이에 해표가 바닷속으로 드나들 수 있는 크랙(틈)이 있다는 뜻으로, 바다에 빠질 수 있어 위험하니 조심하라"고 당부했다.

남극의 여름이 시작되는 11월이면 태어난 지 얼마 되지 않은 새끼 해표를 장보고기지 주변에서 흔하게 발견할 수 있다. 아직 젖을 물고 있는 새끼부터 젖을 떼고 막 수영을 배우기 시작하는 녀석까지 바닷가 곳곳에는 해표들이 모여 있다. 어미 해표는 새끼가 젖을 뗄 때까지는 수영을 가르치지 않는다. 남극 바닷속 차가운 물에서 버티려면 통통하게 젖살이 올라야 하기 때문이다. 얼음 위로 올라온 어미와 새끼는 큰 눈을 껌벅이다가 스르르 잠에 빠져들었다.

여느 기각류와 마찬가지로 지느러미로 변한 팔은 물속 활동에는 도움을 주지만 육상에서는 몸을 지탱할 힘이 없다. 숨구멍까지 엉금엉금 기어 왔지만, 여름철에도 영하 20도 안팎의 장보고기지가 있는 남극 빅토리아랜드 테라노바만 연안의 추위에 숨구멍은 가장자리가 얼어 버렸다. 얼음 구멍을 넓히기 위해 어미 해표가 날카로운 송곳니를 얼음에 박은 채 머리를 좌우로 돌리기 시작했다. 꽁꽁 얼어붙은 얼음이 가루가 되어 날리고 구멍은 조금씩 넓어졌다. 거침없는 해표의 동작이 마치 대형 보링 머신(구멍 뚫는 기계)이 뿜어내는 강력한 파워를 보는 듯했다.

한동안 작업이 끝나자 해표의 몸이 들어갈 정도의 공간이 확보됐다. 어미가 먼저 물속으로 들어가 새끼를 부른다. 아직 수영이 익숙하지 않은 새끼가 주저하지만 어미의 재촉에 미끄러지듯 얼음 구

158
159

멍 속으로 빠져들어 갔다. 어미 곁에 바짝 붙은 새끼는 어미의 몸짓 하나하나를 배우며 혹한의 남극에서 혼자 생존할 준비를 한다.

얼음 위를 뒹구는 웨델해표 가족

남극 수중촬영 최대 적은 레오파드 해표

남극에서 발견되는 해양 포유동물은 웨델, 크랩이터, 레오파드, 코끼리, 로스 해표 등 다섯 종의 해표와 물개, 고래 등이 대표적이다. 이중 세종기지 인근에는 웨델해표가 발에 걸려 넘어질 정도로 많다. 온순한 웨델해표는 사람이 가까이 가도 힐끗 처다볼 뿐 경계심을 가지지 않는다. 하지만 레오파드 해표를 비롯한 해표는 다소 공격적이다.

특히 4m에 이르는 레오파드 해표는 날카로운 이빨을 번득이며 자신의 영역 안으로 들어오는 상대를 위협한다. 국제신문 사진부 박수현 선임기자는 남극해에서 수중탐사를 벌일 때 뼛속을 파고드는 남극 바다의 차가운 수온보다 더 힘들었던 것은 레오파드 해표의 출현이라고 했다. 박 기자는 "레오파드 해표에 쫓겨 물에서 도망쳐 나왔던 일은 얼음 바다에 갇혔던 기억과 함께 남극을 다녀온 뒤 트라우마로 남았다"고 털어놓았다.

해표, 헤엄치기 알맞게 팔 대신 지느러미 발달

  지금부터 3,000만 년 전 곤드와나 대륙이라는 거대 대륙에서 분리된 땅덩어리가 지구 남쪽 끝까지 떠 내려와 만들어졌다는 남극 대륙. 아마 대륙에 갇혀 있던 많은 동식물은 연평균 영하 23도와 초속 20~30m에 이르는 강풍, 평균 두께 2,000m까지 쌓이기 시작한 눈에 파묻혀 멸종을 맞았을 것이다. 원시 남극 대륙에 존재하던 동식물들이 멸종을 맞은 증거는 1969년 남극 종단 산맥에서 발견된 송아지 크기만 한 공룡인 리스트로사우루스 화석과 남극 곳곳에서 발견되는 나무 화석에서 찾을 수 있다.

  불행 중 다행으로 해안가로 내려온 일부 동물은 극한 환경에서 살아남는 방법을 터득했다. 이들은 적응이라는 유전자 속에 학습을 본능으로 삼아 오랜 세월을 버텨왔을 것이다. 펭귄과 더불어 남극을 대표하는 해표는 원시 포유류에서 분화된 뒤 헤엄치기에 알맞도록 팔 대신 지느러미를 가지게 됐다. 혹한의 환경에서 살아갈 수 있게 조밀한 털로 덮인 피부 아래에는 두꺼운 지방층이 있다. 또한, 물 속에 머물 때는 코로 물이 들어오는 것을 막기 위해 콧구멍이 닫히는 구조로 진화했다.

웨델해표 근접촬영

장보고과학기지 인근의 얼어붙은 바다 위에서 아기 해표와 엄마 해표가 서로의 온기를 나누고 있다.

피가 투명한 아이스피시

남극 바닷속에 사는 '아이스피시(남극빙어)'의 혈액은 붉은색이 아니라 투명하다. 혈액 속에 산소를 운반하는 헤모글로빈이 없기 때문이다. 이 물고기는 대사량을 줄여 영하의 물속에서 사느라 먹이 활동 외에는 거의 움직이지 않는다. 툭 건드려도 달아나지 않을 정도다.

에너지가 많이 필요한 아가미 호흡은 최소한으로 줄이고, 부족한 산소는 피부를 통해 직접 흡수한다. 이 때문에 아이스피시는 비늘이 퇴화했다. 에너지를 많이 쓰지 않아서 혈액 속에서 산소를 운반해주는 단백질인 헤모글로빈 또한 거의 사라졌다. 붉은색을 띠는 헤모글로빈이 없어서 혈액이 투명하다.

부레가 없는 대신 엉성한 뼈 조직 속에 공기를 넣었다가 빼면서 헤엄친다. 학계는 이 어류의 뼛속에 사람의 골다공증을 치료할 물질이 있을 것으로 보고 연구하고 있다. 아이스피시의 뼈를 성글게 하는 골형성 단백질이 골다공증(골엉성증)을 유발하는 요인과 관련이 있을 것으로 학계는 추측한다.

아이스피시(왼쪽)와 일반 물고기 혈액형 색깔 비교
ⓒ 한국수산자원관리공단 (FIRA)

북극과 남극을 오가는 북극제비갈매기의 철인 육아법

북극제비갈매기는 지구상에 존재하는 새 중 가장 먼 거리를 옮겨 다닌다. 북극에서 남극까지 극과 극을 오간다. 4~8월 여름철에 북극에서 번식해 10월이면 어느 정도 성장한 새끼를 데리고 여름이 시작되는 지구 반대쪽 남극으로 향한다. 이후 남극의 겨울이 시작되는 5월이면 여름이 시작되는 북극으로 다시 돌아온다.

태어난 지 얼마 되지 않은 새끼를 남극까지 데려가려면 그들만의 엄격한 육아법이 필요하다. 북극제비갈매기는 다른 새처럼 새끼 입에 먹이를 바로 넣어주지 않는다. 북극제비갈매기 어미는 먹이를 물고 와서 새끼에게 슬쩍 보인 다음 다시 날아올라 언덕 아래에 먹이를 떨어뜨린다. 날지 못하는 새끼는 먹이를 먹으려고 작은 다리를 뒤뚱거리며 언덕을 내려가야만 한다. 조금 지나자 이번에는 어미가 먹이를 언덕 위에 내려놓았다. 새끼는 조금 전 힘겹게 내려온 언덕을 다시 열심히 올라간다. 어미는 남극으로 멀고 먼 여행을 떠나기에 앞서 새끼를 이런 방식으로 강인하게 단련시킨다.

북극제비갈매기는 다른 새와 달리 어미가 새끼에게 먹이를 바로 전해 주지 않는다.
이들은 바다에서 물고기를 잡아 와서 새끼에게 한 번 보인 뒤 다시 날아올라 언덕 아래로 떨어뜨린다.
그러면 새끼는 먹이를 찾기 위해 언덕을 열심히 내려간다.
새끼가 언덕 아래에 있으면 어미는 먹이를 물어 언덕 위에 떨어뜨린다.
새끼는 다시 언덕을 열심히 올라간다.

3부
남극 자연환경과 동식물

세종과학기지 인근 남극
제비갈매기 한 쌍이 자신
의 영역을 침범한 켈프갈
매기를 위협하고 있다.

| 북극제비갈매기와 남극제비갈매기 구별법 |

남극의 여름에는 북극에서 날아온 북극제비갈매기와 남극제비갈매기가 공존한다.
두 종은 비슷하게 생겨 조류학자들도 구별하기 힘들어한다. 구별하자면 북극제비갈
매기는 남극까지 날아오는 힘든 여정으로 깃털에 윤기가 없다면, 남극제비갈매기는
번식기를 맞아 깃털이 혼인색으로 화려하다.

빙산의 일각

신문이나 TV 뉴스를 보면 '빙산의 일각'이라는 표현이 종종 등장한다. 어떤 사건에서 겉으로 드러난 부분보다 드러나지 않은 부분이 훨씬 많다는 뜻이다. 빙산은 전체 10분의 1 정도만 물 위로 드러난다. 나머지 대부분은 물속에 잠겨 있다. 바닷속으로 들어가지 않는 이상 수면 위로 드러난 극히 일부분만 눈으로 볼 수 있다. 항해하는 선박도 빙산을 지날 때 조심해야 한다. 바닷속이 어떤 모습을 하고 있는지 알 수 없으니까. 1912년 2208명의 승객을 싣고 가던 영국의 대형 호화여객선 타이타닉호(4만 6,328t)가 침몰한 것도 빙산과 충돌했기 때문이다.

우리가 사는 이 행성에는 육지가 많을까, 바다가 많을까? 바다가 71%로 29%뿐인 육지보다 배 이상 많다. 지구(地球)가 아니라 해구(海球)라고 불러야 정확한 표현이다. 2014년 여름에 개봉해 누적 관객 1,700만 명을 돌파한 영화 〈명량〉에는 "바다를 버리는 것은 조선을 버리는 것과 같다"는 대사가 나온다.

세계지도를 거꾸로 보면 답이 나올 것 같다. 해양수산부는 2017년 6월 19일 김영춘 장관 취임과 함께 '거꾸로 세계지도'를 제작해 보급하고 있다. 김 장관은 장관 취임식과 국무회의에서 "이제는 해양으로 뻗어 나가면서 '대륙과 해양의 다리'가 되는 비전을 갖자"고 밝혔다. 거꾸로 세계지도는 익숙했던 세계지도를 180도 돌린 것뿐인

데 많은 것을 생각하게 한다. 기존 세계지도는 대륙 중심이지만, 거꾸로 세계지도는 드넓은 대양이 시원하게 한눈에 들어오는 대양 중심이다.

해양수산부가 제작한 거꾸로 세계지도

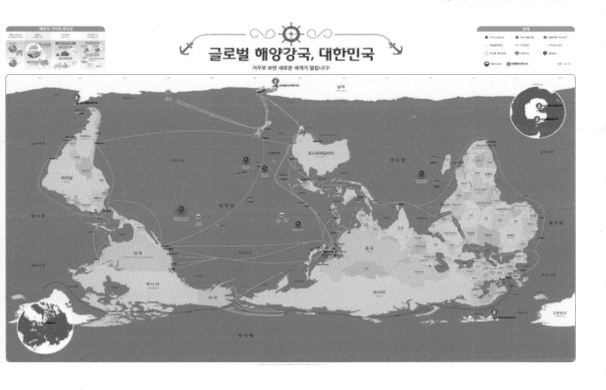

세종과학기지 대원이 스쿠버 장비를 이용해 빙산 아래를 탐사하고 있다.

장보고과학기지 전경.
필로티공법을 활용해 기지를 땅에서 띄워 건설한 것은 차가운 바닥의 냉기가 건물로 스며들지 못하게 하기 위해서다.

4부. 남극의 과학

세종과학기지.
바다 너머로 보이는 불빛은 러시아 벨링스하우젠 기지와 칠레 프레이 기지.
남극은 공기가 아주 깨끗해 멀리 떨어진 곳도 가깝게 느껴진다.

극지는 지구 환경 변화의 타임캡슐

왜 세계 각국의 과학자들이 남극과 북극으로 갈까? 그 답은 극지가 지구상에서 인간 활동으로 인한 오염이 가장 적어 환경 변화를 연구할 수 있는 최고의 자연 실험장이기 때문이다. 사람들로 북적이는 도시는 소음과 오염된 공기로 가득 차 있어 만약 어떤 물질의 증가와 감소나 확산을 연구하고자 한다면 연구 대상을 찾기 쉽지 않다. 하지만 극지와 같이 안정된 순백의 환경에서는 대상을 추적하고 감시하기 쉽다. 그래서 과학자들은 극지를 지구 환경 변화가 쉽게 드러나는 '리트머스 시험지' 같은 곳이라고 부른다.

남극과 북극을 덮고 있는 얼음은 1억 년 이상 내린 눈이 아래에서부터 차곡차곡 다져져서 만들어졌다. 눈이 굳어져 얼음이 만들어지다 보니 얼음 속에는 눈이 내릴 당시의 공기가 갇혀 있다. 빙하학자들은 시추공을 이용해 수백 m 아래에 있는 얼음을 캐내 얼음 속에 갇혀 있는 공기를 뽑아낸다. 공기 속에 이산화탄소가 많으면 눈이 내렸을 당시 지구가 따뜻했다는 증거가 된다. 만약 화산재가 섞여 있다면 인근에서 대규모 화산 활동이 있었음을 알 수 있다. 지구상에서 원시 지구의 공기를 그대로 간직하고 있는 곳은 극지의 빙하뿐이다. 결국 남극과 북극의 얼음은 지구 기후의 비밀을 간직한 '타임캡슐'인 셈이다. 빙하 코어를 통해 짧게는 계절 단위부터, 길게는 수십만 년까지 과거의 기후 변화나 대기 환경을 알아낼 수 있다.

지구상에서 대륙이 처음으로 형성된 시기는 38억 년 전으로 알려졌으나 최근 42억 년 전에 대륙을 구성했던 암석이 동남극에서 발견됐다. 나아가 남극은 중생대까지 남미, 남아프리카, 호주, 인도와 함께 하나의 거대한 대륙인 '곤드와나(Gondwana)'를 이루고 있었고, 남극 대륙이 그 중심이었다. 또한, 남빙양 퇴적물 속에는 과거에 일어났던 지구 온난화, 바다 얼음 감소, 해양생태계 변화의 기록을 간직하고 있어 퇴적물 속 과거 지구 환경변화 기록을 복원하면 미래 해수면 상승과 지구온난화를 예측할 수 있다.

눈이 내릴 당시 지구 대기 성분을 간직하고 있는 얼음 속 공기 방울

11월 장보고과학기지에 도착한 하계대원들이 남극의 짧은 여름 동안 지질 탐사를 위해
안전요원과 함께 기지를 출발하고 있다.

빙하 소멸과 해수면 상승

극지의 얼음이 다 녹으면 어떻게 될까? 전 세계 해수면이 60m 이상 올라갈 것으로 기후학자들은 예상하고 있다. 극지는 태양에너지의 반사율이 70% 이상 되는 눈과 얼음으로 덮여있다. 이 눈과 얼음이 모두 녹게 되면 지표에 흡수되는 태양에너지의 양이 급격히 증가해 이상 기후를 초래하고 생태계 교란을 가져올 수 있다. 극지는 저위도 지역과 비교해 온난화 정도가 커서 기후변화를 모니터링하는 데 최적의 조건을 제공하고 있다.

극지를 뒤덮은 얼음은 대부분 태양열을 반사해 '지구의 에어컨' 역할을 해왔다. 하지만 얼음이 녹아내리면 태양열이 더 많이 흡수돼 지구온난화가 가속될 것으로 보인다. 심층해수는 지구의 기후를 결정하는 중요 요인이다. 심층해수는 거대한 물의 흐름이 전 세계를 순환하며 열을 전달해주기 때문이다. 북극 그린란드 해역과 남극 웨델해는 이들 심층 해수의 발원지. 극지 빙하가 녹으면 심층 해수의 순환에도 영향을 미쳐 지구 전체에 급격한 기후 변화를 초래할 수 있다고 기후학자들은 우려하고 있다.

세종기지는 기후, 장보고기지는 빙하 연구 역할 분담

우리나라는 1988년 세종과학기지에 이어 2014년 장보고과학기지를 준공함으로써 세계에서 10번째로 남극에 두 개 이상의 연구기지를 보유한 국가가 됐다. 몇 년 전까지만 해도 남극에서의 모든 연구 활동은 세종기지를 중심으로 이루어졌지만, 장보고기지 준공으로 역할 분담이 가능해졌다.

두 기지는 닮았지만 다른 점이 많다. 세종기지는 남위 62도의 비교적 저위도권 섬에 자리 잡아 육상 및 해양생태계 중심의 기후변화 연구에 초점을 맞추고 있다. 이와 달리 장보고기지는 남위 74도의 고위도권에 있어 빙하, 대기과학, 운석 연구뿐 아니라 빙저호 연구를 수행하고 있다. 두 기지는 4,500㎞나 떨어져 있어 교류는 사실상 불가능하다.

1988년 지어진 세종기지와 2014년 지어진 장보고기지 중 어디가 지내기가 좋을까? 장보고기지가 최근에 지어진 첨단시설이라는 장점이 있지만, 날씨나 주변 여건은 열악하다. 연평균 영하 1.7도로 비교적 따뜻한 세종기지와 비교하면 장보고기지는 연평균 영하 14도, 최저 영하 35도까지 떨어지고 95일이나 종일 밤이 되는 극야기를 극복해야 한다. 또 세종기지는 반경 30㎞ 이내에 칠레, 아르헨티나, 브라질, 중국, 러시아 기지 등이 모여 있어 비상시 도움을 받을 수 있다. 반면 장보고기지 인근 상주기지는 350㎞ 떨어진 미국 맥머도 기지가 유일하다.

플랑크톤 채집과 분석하는
세종과학기지 연구원들

과학 한국의 프런티어이자 극한 기술 테스트베드

남극 장보고과학기지는 극한지 실용기술의 '테스트 베드' 역할을 하고 있다. 해양수산부는 극한지 플랜트, 장비, 로봇, 신소재 같은 극한지 실용기술을 개발하기 위해 국내 산·학·연에 장보고기지를 테스트 베드로 활용할 수 있게 지원하고 있다. 극지 생물이 저온에 적응하는 생존술, 특히 체내에 있는 '결빙방지물질'에 관한 연구가 활발하다.

남극에서 혹한과 강한 자외선을 견디며 살아남은 생물에서 추출한 황산화물질로 만든 기능성 화장품
© 오상준

극지연구소에서 특허를 받은 항산화물질 라말린(Ramalin)의 기술이전을 통해 LG생활건강이 기능성 화장품 '프로스틴'을 개발하는 데 성공했다. 라말린은 남극에서 강한 자외선을 견디며 저온에서 살아남은 생물에서 추출한 물질로, 산소 반응을 억제해 피부 노화를 막는 데 효과적이다. 해수부는 앞으로 장보고기지에서 적조 해소 관련 기술과 이형당뇨병(type II diabetes mellitus) 치료제 개발을 위한 연구를 진행할 계획이다.

북극의 대구, 빙어 등은 매우 낮은 수온에서도 혈액이 얼지 않고 생존할 수 있는 결빙방지물질을 지니고 있다. 이런 물질을 추출해 '천연 부동액'을 만들어 시장성을 확보한다면 혈액, 골수, 조직을 보관하는 냉동보관시장에 엄청난 파급효과를 미칠 것으로 보인다. 그러면 영화에 나오는 냉동인간이 현실로 나타날지 모른다.

코리안 루트 개척 현장에 가보니

"왼쪽에 크레바스(얼음이 갈라져 생긴 틈), 위험하다. 오른쪽으로 이동하라. 오버." 두두두두두~. 2015년 11월 16일 오전 11시께 AS350 헬기를 타고 남극 장보고과학기지의 내륙 방향 120km 지점 상공을 저공비행 중이던 유한규(코오롱스포츠 상무) 안전대원의 목소리가 무전기를 타고 전해졌다. 영하 20도의 혹한에 블리자드(눈 폭풍)가 몰아치는 빙원 위에 스키두(설상 오토바이, 스노모빌)를 몰던 극지연구소 박창근 선임연구원, 정지웅 선임기술원, 한상우 안전대원이 방향을 급히 틀었다. 크레바스 옆을 스쳐 지나간 대원들은 식은 땀을 흘렸다. 앞서 이주한 극지안전실장을 비롯한 크레바스 탐지팀은 헬기와 지표투과레이더(GPR)를 활용해 크레바스를 탐지해 표시한 지도를 건네받았지만, 위험이 완전히 제거되지 않았다. 지도에는 크레바스를 나타내는 빨간색이 가득했다. 이 때문에 세 대의 스키두는 헬기의 유도 아래 위험한 크레바스가 많은 빙원 쪽이 아니라 암벽옆으로 바짝 붙어서 내륙 이동경로를 개척하느라 어려움을 겪었다.

극지연구소는 장보고기지를 교두보로 빙저호(얼음 밑 호수) 탐사와 제3의 내륙기지 건설에 필요한 '코리안 루트' 개척을 1차 하계대가 도착한 11월 3일부터 본격적으로 진행하고 있다. 코리안 루트는 장보고 기지에서 남극점을 잇는 육상루트 3,000km를 개척하는 프로젝트다. 2020년까지 중간 지점인 1,500km까지 개척하는 게 목표다.

크랙

스키두(설상 오토바이)를 타고 코리안 루트를
개척하고 있는 장보고과학기지 대원들

눈으로 뒤덮인 코리안 루트 개척 대상지

4부
남극의 과학

코리안 루트 개척에 나선
이종익 극지연구소 코리안
루트사업단장

이종익 코리안루트사업단장은 "헬기 두 대, 스키두 세 대, GPR을 동원해 크레바스 탐지팀과 육상루트 탐사팀으로 역할을 나눠 코리안 루트 개척에 박차를 가하고 있다"고 설명했다.

이 단장은 "크레바스(얼음이 갈라져 생긴 틈)에 빠져봤다. 눈구덩이에 파묻힌 중장비를 끌어내느라 죽을 고생을 한 적도 있다"고 사업의 어려움을 털어놓기도 했다. 코오롱스포츠가 극한환경 안전장비 개발 부분을 지원하고 있고, 현대자동자는 SUV 승합차인 싼타페를 남극에 맞게 개조한 '남극 트럭'을 지원하고 있다. 남극 트럭은 눈 덮인 곳을 달리고 가파른 비탈도 올라갈 수 있게 설계됐다. 앞서 현대자동차는 2016년 12월부터 30일간 영국의 대표적 남극 탐험가인 어니스트 새클턴의 증손자인 패트릭 버겔 씨가 싼타페를 타고 남극(유니언 캠프~맥머도 기지 왕복 5,800㎞)을 횡단하는 캠페인 'Shackleton's Return (탐험가 새클턴, 남극 횡단 100년의 꿈을 이루다)'을 벌였다.

극지연구소는 자체 연구비 5억 원을 편성해 2015년 5월부터 2016년 4월까지 '남극 빅토리아랜드 코리안 루트 사전조사와 빙저호 탐사를 위한 기획연구'를 수행했다. 빙저호는 암흑, 낮은 영양분, 높은 압력의 환경으로 호수의 물과 퇴적물이 기후 변화에 중요한 정보를 제공할 뿐 아니라 대기, 햇빛의 영향이 미치지 못한 채 수천만 년간 격리된 상태로 존재한다. 만약 빙저호 탐사가 성공해 이곳에서 알려지지 않은 생명체가 발견된다면 세계적인 과학 업적으로 평가받을 수 있다. 극지연구소가 인공위성으로 조사한 결과, 장보고기지 반경 400㎞ 이내에 빙저호로 추정되는 얼음 밑 지형이 10여 개 있는 것으로 나타났다. 이를 정확하게 확인하기 위해서라도 코리안 루트 확보가 시급하다. 제3 내륙기지는 남극 세종기지, 장보고기지에 이어 남극점과 가까운 곳에 있는 제3의 남극 과학기지를 말한다.

극지연구소는 장보고기지에서 빙저호가 탐지되는 지점까지 코리안 루트를 확보한 뒤 장보고기지 준공 10주년을 맞는 2024년 안에 우리 기술로 빙저호를 뚫겠다는 계획이다. 이 단장은 "코리안 루트를 개척해 빙저호를 찾더라도 시추까지 하려면 상당한 기술과 준비가 필요하다. 그렇게 되면 우리나라는 빙저호 탐지 및 시추 분야에서 세계 5위권 극지 강국으로 부상할 수 있다"고 강조했다. 현재 남극 빙저호 시추에 성공한 나라는 미국뿐이다. 러시아는 시추에 성공했지만 환경오염이 문제가 되어 그 성과를 인정받지 못했다. 영국 역시 거의 성공 단계에 이르렀으나 두 개의 시추공을 연결하지 못해 실패했다. 빙저호 탐사가 우주 탐사보다 어렵다는 게 전문가의 지적이다.

| 빙저호(Subglacial lake) |

수백 m에서 수천 m 두께의 남극 빙하 하단부가 녹거나 얼지 않아 형성된 호수로 남극에만 존재. 빙저호는 위에서 누르는 빙하의 거대한 하중이 만들어내는 열과 압력, 빙하 아래 얼음의 유동에 의한 마찰열, 지구 내부에서 기인한 열 때문에 원시 호수에 빙하가 덮여서 형성되는 것으로 알려졌다.

지구 끝에서
코리안 루트를
뚫는다!

이곳은 남극대륙입니다.

우리가 만든 세종기지와 두 번째 기지인
장보고기지는 보시는 것처럼 해안에
위치해 있습니다. 내륙보다는 얼음과
바다를 통해 오가는 게 편리합니다.

빙하와 산맥으로 험한 내륙 깊숙이 들어가
연구하는 데는 한계가 있습니다. 그래서
이른바 코리안루트로 불리는 내륙탐사인
육로개척이 현장입니다.

인공위성고도계

항공기
급유지

500km
캠프1

1000km
캠프2

1500km
캠프3

항공기
급유지

제2카라반

1

제2카라반

코리안루트

3000m
심부빙하시추

2500m

빙저호2

2000m

빙저호1

장보고과학기지

아라온호

2단계
(2021~2026)

열수시추와
심부빙하시추
운영 및 탐사

1단계
(2017~2020)

코리안 루트 확보와
시추 후보지 탐색

코리안 루트 개념도 ⓒ 극지연구소

| 김예동 전 극지연구소장 남극 현지 인터뷰 |

"여기서 멈출 순 없죠. 장보고과학기지를 기반으로 남극 중심으로 더 들어가 남극점 주변에 남극 제3
과학기지를 건설해야 합니다."

극지연구소 김예동 전 소장은 2015년 11월 13일 남극 장보고과학기지 인근 이탈리아 마리오주켈리
해빙(海氷) 활주로에서 가진 인터뷰를 통해 "올해(2015년)가 남극 내륙으로 가는 육상 이동경로인 이
른바 '코리안 루트' 개척의 실질적인 원년이 될 것"이라며 이같이 밝혔다. 그는 필자를 포함한 하계대
원이 타고 온 비행기 편으로 남극을 빠져나갔다.

그는 "요즘 뜨는 빙저호 연구는 코리안 루트 개척뿐 아니라 탐지기술, 시추와 탐사장비 개발까지 광범
위하게 이뤄진다. 극지 관련 과학기술과 공학을 융·복합하는 대형 프로젝트인 만큼 적극 지원하겠다"
고 말했다. 당시 남극을 찾은 정부조사단에는 한국지질자원연구원 김규한 원장, 해양수산부 윤종호 해
양개발과장, 한국항공우주연구원 최해진 위성정보활용센터장 등이 포함됐다. 그는 "극지 연구의 외연
확대와 융합연구를 위해 지질자원연구원과 공동연구를 확대하고, 이른 시일 안에 장보고기지에 아리
랑위성 관제시설을 만들어 위성 자료를 극지 연구에 적극 활용하겠다"고 말했다.

4부
남극의 과학

▲ 스키두 타고 코리안 루트를 개척하는 대원.
◀ 필자가 김예동 전 극지연구소장을 남극 장보고기지 인근에서 인터뷰하고 있다.

코리안 루트 개척에 나선 대원들이 스키두를 이용해 빙원을 달리고 있다.

4부
남극의 과학

스키두를 중간 개척지에 임시로 보관하는 대원들

코리안 루트 개척 대원들이 헬기 안에서 컵라면을 먹으며 몸을 녹이고 있다.

코리안 루트 개척 헬기가 중간 유류기지에서 연료를 보충하고 있다.

극지 물고기는 왜 얼지 않을까?

극지에 서식하는 생물은 왜 아무리 추워도 얼어 죽지 않을까. 과학자들은 이 같은 극지 생명의 저온 적응방식에 주목했다. 동물학자 아서 드브리스는 1969년 남극 경골어류에서 수분이 어는 것을 막는 '결빙방지단백질(antifreeze protein)'을 발견했다. 바닷물 온도가 어느 점 아래로 내려가면 눈에 보이지 않지만 아주 작은 얼음 결정이 물고기의 혈액이나 체액 안에 생긴다. 이 조그마한 얼음 알갱이를 방치하면 순식간에 얼음 덩어리로 커져 혈액이나 체액을 얼게 해 다른 대사 기능이 마비되고 물고기는 죽고 만다. 하지만 극지 물고기는 얼음과 공존하는 수단의 하나로 결빙방지단백질을 생산한다. 결빙방지단백질은 얼음 결정 표면의 물 분자와 화학적 결합을 통해 다른 액체 상태의 물 분자가 더는 고체 상태의 물 분자와 결합하지 못하게 해 얼음의 성장을 막는 기능을 한다. 이런 결빙방지단백질은 극지 물고기(남극빙어, 등가시치, 삼세기, 둑중개)를 시작으로 식물 미세조류(돌말) 세균 곰팡이 곤충 효모 등에서 발견됐다.

남극빙어(아이스피시)

결빙방지단백질을 잘 활용하면 영화에 나오는 '냉동인간'도 현실이 될 수 있다. 극지 생명의 비밀을 풀면 가능성이 있다는 게 과학자들의 의견이다. 극지연구소를 중심으로 국내 과학자들은 극한의 추위에서도 생존하는 극지 생물이 어떻게 얼어 죽지 않고 살아갈 수 있는지 저온 적응방식에 주목해 체내에 있는 결빙방지단백질을 연구하고 있다.

극지연구소는 2010~2012년 한국기초과학지원연구원, 메디포스트, 휴림바이오셀, 건국대, 가천대 의대와 함께 국가문제해결형 연구사업(NAP)의 하나로 '극지유래 결빙방지단백질을 활용한 고부가치 생물자원 보존 시스템개발' 연구프로젝트 1단계 사업을 진행했다. 연구팀은 생물을 냉동 보관하는 데 필수적인 결빙방지단백질을 유전자 재조합 기술을 이용해 대량으로 생산하는 기술을 개발하고, 얼린 뒤 다시 해동해 살리는 확률을 크게 높이는 데도 성공했다. 적혈구는 영하 80~196도의 극저온에서 얼렸다가 녹이면 대부분 손상을 입는데 결빙방지단백질을 이용해 생존을 높이는 기술도 개발했다.

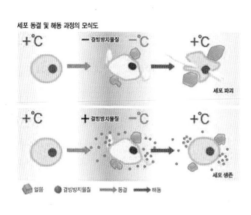

세포 동결 및 해동 과정의 모식도

세포가 동결할 때 얼음 결정이 커지면서 세포가 눌리거나 찢어지고, 해동 과정에서도 얼음이 뭉쳐지는 재결정화 현상으로 세포가 파괴된다. 옆의 그림처럼 결빙방지단백질이 있으면 커다란 얼음의 생성이 저지되어 동결과 해동에도 세포가 생존할 수 있다. 결방지단백질을 첨가하면 세포를 얼리거나 녹이면 얼음의 성장 자체를 억제해 세포가 입을 물리적 손상을 최소화함으로써 세포의 생존을 돕는 원리다.

이 프로젝트를 주도해온 극지연구소 김학준 박사가 2013년 9월 부경대학교 화학과로 자리를 옮기면서 부경대학교가 국내 생체동결 연구의 허브로 부상하고 있다. 김 교수는 생체동결과 해동 분야에서 국내 최고 권위자로 꼽힌다. 김 교수가 쓴 〈핵자기공명분광법에 의한 디아실글리세롤 인산 전이효소의 생체막 단백질 구조 규명〉 논문은 세계 3대 과학저널의 하나인 『사이언스(SCIENCE)』 2009년 6월호에 실렸다. 이 연구는 줄기세포, 제대혈, 생식세포, 혈액 등 차세대 고부가가치 바이오산업 소재의 효율적 동결보존 연구의 신호탄으로 평가받고 있다. 김 교수는 "부경대 냉동공조학과와 융합 연구를 통해 생체동결 연구를 더욱 발전시키고 싶어서 모교에 왔다"며 "생체 동결은 동결과 해동으로 이루어지는데, 동결 기술 대부분이 현재 외국에서 만든 장치를 사용하고 있어 국산화가 필요하다"고 말했다.

| 냉동인간 |

미국 물리학자 에틴거는 1962년 집필한 『냉동인간』에서 인체 냉동 보존술에 관한 근거를 처음 제시하며 냉동인간 사회가 현실화할 것이라고 주장했다. 이 책이 나온 지 5년 후 1967년 미국에서 최초로 인간이 냉동 보존됐고, 현재까지 100여 구가 부활을 기다리고 있다.

◀ 부경대 김학준 교수
▼ 김학준 교수가 북극 다산기지 주변에서 결빙방지단백질을 함유한 식물을 채집하고 있다.
ⓒ 부경대학교

결빙방지단백질 1g에 1,200만 원

결빙방지단백질을 활용한 냉동보존기술 시장은 식료품, 화장품, 농수산업 등 무궁무진하다. 아이스크림이 대표적이다. 아이스크림을 먹다가 남은 것을 냉동실에 보관하면 맛이 달라진다. 결빙방지단백질을 첨가하면 물에 의해 얼음이 생성되는 것을 막아 부드럽고 신선한 맛을 오래 유지할 수 있다.

의료산업으로 눈을 돌리면 고령화에 따른 노인성 질환 치료, 세포치료제, 바이오신약, 신체 장기 개발 및 연구 원료에 해당하는 줄기세포 및 제대혈의 대량 확보에 응용할 수 있다. 부경대 화학과 김학준 교수는 "고령화에 따른 노인성 질환 치료, 세포치료제, 바이오신약, 신체 장기 개발 및 연구의 원료에 해당하는 줄기세포 및 제대혈의 대량 확보와 효율적인 동결보존에 결빙방지단백질 역할이 매우 중요하다"고 강조했다. 이를 위해 그는 줄기세포를 뽑는 제대혈을 잘 보관할 수 있는 연구를 서울 보라매병원 공여제대혈은행과 공동으로 진행하고 있다.

줄기세포 및 제대혈 등과 관련된 세계시장 규모는 250조 원에 이를 것으로 추산된다. 문제는 결빙방지단백질이 1g에 1,200만 원 정도로 비싼 데다 동결 후 해동하면 조직이나 세포막이 손상될 수 있다는 점이다. 김 교수는 "세계에서 유일하게 결빙방지단백질을 상업화해 판매하는 캐나다 A/F프로테인사는 엄청난 양의 물고기에서 단백질을 추출하고 있어 가격이 너무 비싸 상용화되지 못하고 있다"고 말했다. 김 교수의 목표는 1g에 3만~4만 원 하는 결빙방지 단백질을 대량 생산하는 것. 그는 "가격경쟁력을 갖춘 다양한 종류의 극지유래 결빙방지단백질을 생산하고 세포나 조직에 맞는 효율적인 동결보존 시스템을 개발하고 싶다"며 "답은 극지에 있다"고 힘주어 말했다.

남극 장보고과학기지 인근 바다가 얼어서 형성된 해빙(海氷) 활주로 위에 비행기가 착륙해 있다.

왜 남극에는 반대(Ant(i))를 뜻하는 접두사가 붙었을까?

북극(Arctic)이라는 이름을 생각해낸 이는 고대 그리스인이었다. 북극은 그리스어로 '곰'을 뜻한다. 하얀 털이 난 채 물개를 사냥하는 곰이 아니라 북극점 위에 반짝이는 곰처럼 생긴 별자리를 가리킨다. 남극(Antarctic)은 곰 별자리의 반대쪽을 의미한다. 영어에서 ant(i)는 반대의 뜻을 지닌 접두사다.

고대 그리스인은 실제 남극 근처에도 가보지 못했지만 남극이 있을 거라고 추측했다. 고대 그리스인은 이론적으로 세상 꼭대기에 있는 땅덩어리와 균형을 맞추려면 밑바닥에도 땅덩어리가 있어야 한다고 생각한 것 같다. 그렇지 않으면 지구는 머리만 무거워져 쓰러질 수 있으니까.

기원전 6세기 그리스 시대 수학자이자 철학자 피타고라스는 '지구가 둥글다'고 주장했다. 이 말은 남쪽도 있다는 뜻을 함축한다. 기원전 4세기 철학자 아리스토텔레스는 한 걸음 더나가 자신의 저서 『기상학』에서 "우리가 살고 있는 땅에 북극이 있으므로 같은 관계에 있는 지역(남극을 의미)이 반드시 있어야 한다"고 기술했다.

남극 세종기지와 장보고기지 가는 길

같은 남극에 있는 장보고과학기지 대원과 세종
과학기지 대원들은 서로 만나서 교류할까? 남극 대
륙 면적은 1,360만㎢로 세계 인구 1, 2위를 기록한
중국과 인도를 합친 면적과 비슷하다. 남·북한을 합
친 한반도의 62배에 달한다. 두 기지 간 거리가 부산
과 서울 간 거리의 10배 이상인 4,500㎞ 떨어져 교
류 자체가 불가능하다. 우리나라에서 두 기지를 가는 길 자체도 완전
히 다르다. 장보고기지는 뉴질랜드나 호주 같은 오세아니아 대륙을
거쳐 가지만 세종과학기지는 남아메리카 대륙의 칠레를 경유한다.

남극 장보고기지, 세종기지 약도

세종과학기지 가는 길

세종과학기지는 서남극 남극반도에 평행하게 발달한 남쉐틀랜
드군도 킹조섬과 넬슨섬으로 둘러싸인 멕스웰만 연안에 있다. 남위
62도 13분, 서경 58도 47분. ① 인천→프랑스 파리 또는 미국 로스
앤젤레스(LA) 항공기 이용(11~12시간) ② 파리 또는 LA→칠레 산티
아고 항공기 이용(13~14시간) ③ 산티아고→칠레 푼타아레나스 항공
기 이용(3시간30분) ④ 푼타아레나스→남극 세종과학기지 항공기 이
용(3시간) 후 보트 이용(30분)

장보고과학기지 가는 길

남극 장보고과학기지는 남극 대륙 중심으로 진출하려고 동남극 북빅토리아랜드 테라노바만 연안에 있다. 남위 74도 37분, 동경 164도 13분에 위치하고 있다. 가는 길은 ① 인천→뉴질랜드 오클랜드 또는 호주 시드니 항공기 이용(11~12시간) ② 오클랜드 또는 호주 시드니→뉴질랜드 크라이스트처치 항공기 이용

ㄱ. 크라이스트처치→남극 미국 맥머도기지 미 공군수송기 LC-130 이용(7시간30분)→남극 장보고과학기지 아라온호 이용(1.5일)

ㄴ. 크라이스트처치→남극 이탈리아 마리오주켈리기지 항공기 이용(7시30분~8시간)→남극 장보고기지 설상차 이용(20분)

ㄷ. 크라이스트처치항 또는 호주 호바트항→장보고기지 아라온호 이용(10일)

남극 장보고과학기지 인근 해빙 활주로에 비행기를 타고 도착한 필자. 해빙(海氷) 활주로는 바다가 얼어 형성됐다.

남극 해빙활주로에 선 국제신문 사진부 박수현 선임 기자

남극에 도착한 대원들

남극 장보고과학기지 인근 이탈리아 마리오주켈리기지 해빙 활주로에 도착한 비행기가,
뉴질랜드 크라이스트처치 공항으로 되돌아가기 전에 연료를 넣고 있다.

아탈리아 마리오주켈리 기지 인근 해빙 활주로에 소방차가 화재에 대비해 대기하고 있다.

뉴질랜드 크라이스트처치~장보고기지 왕복항공료 997만 원

기자가 장보고과학기지에 취재 가면서 뉴질랜드 크라이스트처치 공항에서 장보고기지 인근 이탈리아 마리오주켈리 해빙 활주로까지 가는 데는 7시간 20분가량 걸렸고, 요금은 1인당 997만원(7,500유로)에 달했다. 기내식이라고는 샌드위치 2개와 초콜릿, 음료수가 전부였다. 비행기 안의 소음이 너무 심해 귀마개를 착용해야 했는데 기내 서비스 수준을 고려하면 요금이 엄청나게 비싼 편이었다. 하지만 이마저도 마음대로 이용할 수 없다. 이탈리아에서 수송기(L-100·좌석 60개)를 임대해 11월 한 달간 5, 6회 가량 띄우는데, 우리나라 극지연구소는 연초부터 이탈리아 측과 협의해 자리를 배정받아야 한다. 이탈리아 대원이 많이 타면 우리는 좌석을 적게 배정받을 수밖에 없다. 극지연구소는 한정된 좌석을 놓고 연초부터 여러 차례 부서 간 조율을 거쳐 탑승자 명단을 확정한다. 연구를 위해 남극에 가고 싶어도 좌석을 배정받지 못해 못 가는 경우가 많은 게 현실이다. 2015년 11월~2016년 2월 하계대원 66명이 5회에 걸쳐 항공기를 나눠 타고 장보고기지를 찾았다. 나머지 하계대원은 쇄빙연구선 아라온호를 이용한다. 아라온호를 타면 뉴질랜드 크라이스트처치나 호주 호바트에서 장보고기지까지 열흘 정도 걸린다.

남극 장보고과학기지로 가는 비행기 내부와 조종실

▲ 남극 이탈리아 마리오 주켈리기지 해방활주로와 뉴질랜드 크라이스트처지를
오가는 비행기의 화장실. 별도의 문이 있는 게 아니라 커튼을 제치면 나온다.
▼ 항공사 관계자가 승객에게 나눠줄 기내식이 든 봉지를 옮기고 있다.

5부
남극으로 가는 길

비행기에서 본 남극

쇄빙선이 깰 수 없는 두꺼운 얼음은 피하는 게 상책

2009년에 건조된 우리나라 최초 쇄빙연구선 아라온호는 얼음
판에 올라타 위에서 눌러서 얼음을 깨고 앞으로 나간다. 그렇다고
쇄빙선이 모든 얼음을 깰 수 있는 것은 아니다. 아라온호는 두께 1m
의 평탄빙(얼음)을 3노트(시속 5km)의 속도로 부술 수 있는 쇄빙능력
을 갖추고 있다. 깰 수 있는 얼음(1년생 빙, 평탄빙, 두께 1~3m)은 쇄빙
선으로 부수고, 그렇지 못한 두꺼운 얼음(다년생 빙, 빙맥, 20m)은 피하
는 게 상책이다.

어떻게 하면 얼음을 잘 깰 수 있을까. 여름철 짧은 기간을 제외
하고 항상 두꺼운 얼음으로 덮여 있는 남극과 북극을 항해하고 조사
하기 위해서는 차가운 날씨와 바다 얼음(海氷·Sea Ice)을 극복할 수 있
는 쇄빙선과 빙 역학(Ice Mechanics), 극지공학 기술이 필요하다. 해
빙의 특성을 파악해 어떻게 효과적으로 깰지를 연구하는 학문이 바
로 빙 역학. 얼음을 제대로 알면 북극해에서 나는 석유와 가스 운송
용 육·해상 파이프라인 건설 등 극지 자원을 효과적으로 개발할 수
있다.

극지 해빙을 얕보면 큰코다치기 십상이다. 2014년 1월 남극 얼
음에 고립됐던 러시아 과학탐사선 아카데믹 쇼칼스키호의 탑승객
구조를 위해 파견됐던 중국 쇄빙선 쉐룽(雪龍)호가 다시 두꺼운 얼음
에 갇혀 고립됐다가 조류와 바람의 영향으로 얼음층이 이동하는 기

회를 틈타 가까스로 탈출했다.

아라온호를 타고 북극과 남극을 탐험하며 바다 얼음의 비밀을 파헤치는 세계적인 극지공학자가 있다. 최경식 한국해양대 해양공학과 교수는 2010년과 2012년 아라온호를 타고 각각 북극해와 남극 아문센해에 가서 아라온호의 쇄빙능력을 검증했다. 최 교수는 1992년에는 남극 세종과학기지 하계연구단원으로 참여했다. 그는 서울대 조선공학과를 졸업하고 미국 매사추세츠공대(MIT)에서 극지공학으로 박사학위를 받았다. 최 교수는 "빙 역학은 얼음을 쉽게 깰지에 초점을 맞춘다는 점에서 구조물을 튼튼하게 건설할지를 연구하는 다른 공학과 관점이 다르다"고 말했다. 그러면서 그는 "2010년 8월 아라온호를 타고 북위 78도에서 실선시험에 필요한 대규모 빙판을 찾았지만 2012년에는 북위 82도까지 올라가야 비슷한 빙판을 발견했다"며 "지구온난화로 얼음이 빠르게 녹고 있어 북극항로 상용화에 대비해야 한다"고 강조했다.

아라온호 © 극지연구소

파도에 부딪히며 자라는 바다 얼음

극지의 얼음은 바닷물이 결빙해 형성되는 해빙(海氷·Sea Ice)과 육상에서 생성된 얼음인 빙하(Glacier), 또 이것이 바다로 떨어져 나온 빙산(Iceberg)으로 구분된다. 0도에 어는 담수와 달리 해수는 영하 1.7도에서 얼지만 결빙 온도는 염분 양에 따라 달라진다.

해빙은 파도에 부서지고 서로 부딪히는 등 생성과 발달 과정을 거치면서 다년생 빙으로 자란다. 해동과 결빙을 반복하며 염분이 거의 다 빠져버린 다년생 빙은 단단한 조직을 갖춰 쇄빙선으로 깰 수 없다. 외관상으로도 1년생 빙에 비해 표면이 매끄러운 형태를 보인다.

표면의 바닷물이 영하 1.7도 이하로 유지되면 얼음의 작은 결정이 형성돼 표면에 뜬다. 결정들이 느슨하게 결합해 수면에 부드럽고 은빛 기름처럼 번쩍이는 그리스 얼음(Grease Ice)을 만든다. 이렇게 만들어진 얼음은 파도에 부서지고 서로 부딪쳐서 두께 10㎝ 정도의 불규칙한 둥근 팬케이크 얼음(Pancake Ice)을 형성한다. 팬케이크 얼음 주변이 결속해 단단한 빙판인 유년 빙(Young Ice)을 만든다. 유년 빙은 하루에 1㎝가량 자란다. 이후 겨울철 차가운 기온으로 빙판의 두께가 두꺼워지면 1년생 빙(First-year Ice)이 형성된다. 다음 해 여름에 1년생 빙이 완전히 녹지 않는다면 그다음 해 겨울 다시 얼어 두꺼워진다. 두 번의 겨울을 나고 살아남은 얼음을 2년생 빙이라고

얼음 성장 과정

결정빙

거친 바다   고요한 바다

팬케이크얼음   스펀지얼음 그리스얼음

겹쳐짐 쌓임   닐라 Nilas

결속   두껍게 됨

유년빙

1년생빙

다년생빙

하고, 이 같은 해동과 결빙의 과정을 여러 해 거친 얼음은 다년생 빙(Multi-year Ice)이라고 부른다. 한국해양대 최경식 교수는 "해동과 결빙을 반복하며 염분이 거의 다 빠져버린 다년생 빙은 단단한 조직을 갖춰 쇄빙선으로 깰 수 없고, 외관상으로도 1년생 빙에 비해 표면이 매끄러운 형태를 보인다"고 설명했다.

2013년 정부의 북극항로 시범운항에 참여한 남청도 한국해양대 기관공학부 명예교수는 "북극항로 운항 선박에 대해 러시아 정부가 의무적으로 탑승시키는 '아이스 파일럿'은 다년생 빙을 피해 1년생 빙을 깨고 항해할 수 있는 정보를 선장에게 제공한다"고 말했다.

| 남·북극해 얼음 비슷할까? 다를까? |

남극해 얼음과 북극해 얼음은 차이가 난다. 남극해 얼음은 평평하고 굴곡이 적은데 비해 북극 얼음은 그렇지 못하다. 지리적 조건이 달라서다. 최경식 교수는 "남극해는 막혀 있지 않아 얼음이 바람과 해류 작용으로 바깥으로 퍼져나가지만, 북극해는 주위 섬과 군도가 많아 외곽으로 퍼져나가는 데 한계가 있다"고 말했다.

2012년 2월, 남극 아문센해의 다년생 빙판 특성을 조사하기 위해
탐사팀이 시추코어를 추출하고 있다. ⓒ 최경식 한국해양대 교수

빙 역학 현장 조사 대신하는 '빙해수조'

빙 역학과 극지공학 연구의 가장 큰 애로사항은 시간적·경제적 이유로 현장 조사를 하기가 쉽지 않다는 점이다. 극지공학자 상당수가 학회에서 논문을 발표할 때 "현장(남극, 북극)에 가서 검증해봤느냐"는 지적이 나오면 할 말을 잃는다고 한다.

극지에 직접 가지 않더라도 극지 바다와 얼음을 재현해 쇄빙선 모형을 실험할 수 있는 '빙해수조'가 2009년 9월 한국해양과학기술원(KIOST) 부설 선박해양플랜트연구소에 국내 최초로 세워졌다. 이 빙해수조는 길이 32m, 너비 32m, 두께 2.5m의 큰 얼음을 얼릴 수 있다. 영하 20도에서 시간당 2.5mm의 얼음을 만들 수 있다. 가장 중요한 점은 실제 극지 얼음을 정확한 비율로 줄이는 것. 쇄빙선을 20분의 1로 축소해 모형을 만들었다면 얼음의 두께와 강도 역시 같은 비율로 조정해야 한다. 선박해양플랜트연구소 측은 "빙해수조를 이용한 빙해실험은 선박의 속도와 얼음저항을 측정할 수 있어 쇄빙선 설계에 필수적이고, 북극항로 개척에도 도움이 된다"고 말했다. 현재까지 아라온호 모형실험을 비롯해 수백 회의 연구가 진행됐다.

이와 함께 극저온 상태에서 선박 성능 평가와 시험을 할 수 있는 '콜드 룸'이 한국해양대와 선박해양플랜트연구소에 설치돼 있다. 이 연구소 콜드 룸은 길이 5m, 너비 4m, 높이 2.5m 규모로 영하 65도에서 방빙(Anti-icing) 제빙(De-icing) 성능 평가가 가능하다.

부산에도 심해공학수조가 생긴다. 해양수산부와 산업통상자원부는 국내 조선 3사와 함께 총사업비 839억 원을 들여 부산 강서구 생곡지구에 세계 최대 규모(길이 100m·폭 50m·수심 15m)의 심해해양공학수조를 짓고 있다. 심해해양공학 수조는 심해 해양플랜트 핵심설계기술을 확보하기 위해 심해환경을 완벽하게 재현하는 인프라다. 이 수조가 건설되면 국내 조선사가 극지용 선박을 개발하기 위해 외국에 나가서 하던 실험을 이곳에서 할 수 있게 된다.

조선사 관계자는 "극지용 자원 탐사선을 개발하기 위해서는 필수적으로 심해공학수조 테스트가 필요한데, 국내에는 없다. 해외에서 테스트를 해야 하지만 세계적으로도 몇 곳 없으므로 원하는 일정에 테스트하기 어렵다"며 애로사항을 토로했다.

선박해양플랜트연구소의 빙해수조 ⓒ 선박해양플랜트연구소

피로에 찌든 아라온호, 제2 쇄빙연구선 건조 서둘러야

2009년 우리나라 최초로 건조된 쇄빙연구선 아라온호(7,487t)는 남북극의 두꺼운 얼음을 깨고 그동안 접근하지 못했던 새로운 과학 연구 영역을 개척하는 첨병 역할을 해왔다. 2014년 2월 남극 장보고 과학기지 준공으로 쇄빙연구선 수요가 급증하면서 아라온호 1척으로 연중 남북극 과학연구 활동을 지원하는 데 한계에 이르렀다. 한국해양대 해양공학과 최경식 교수는 "아라온호에 과부하가 걸린 만큼 잘못돼 운항을 멈춘다면 우리나라 극지 연구는 차질을 빚는다"고 우려했다. 이에 해양수산부와 극지연구소는 제2 쇄빙연구선의 필요성을 확인하고 효율적인 활용방안을 모색하자는 취지에서 '제2 쇄빙연구선 건조 추진을 위한 공청회'를 2014년 개최했다.

하지만 제2 쇄빙연구선 건조사업이 2018년 8월 한국과학기술기획평가원(KISTEP)의 예비타당성조사를 통과하지 못해 빨간불이 켜졌다. 이에 대해 KISTEP 측은 "동절기를 전후해 준대형급 쇄빙선을 이용해 북극 결빙해역을 진입하면 돼 그리 시급하지 않고 규모가 커서 예산이 부담된다"며 "북극권 자원탐사(산업부), 극지 기후변화(기상청)의 연구 협력과 쇄빙선 활용 전략에 대해 관계부처 간 논의가 충분하지 않았다"고 지적했다.

왜 필요하나

아라온호 1척이 남북극을 오가다 보니 항해일수가 포화 상태에 이르고, 피로도가 누적되면서 북극항로 개척에도 불똥이 튀고 있다. 아라온호가 2014년 2월 준공한 남극 장보고과학기지와 남극 세종과학기지의 물자 및 인력 수송(보급)과 남빙양의 국제공동탐사 같은 남극 사업에 우선 투입되면서 북극항로 개척과 북극해 연구는 물론 교육과 산업계 활용에도 제약을 받고 있기 때문이다. 극지연구소에 따르면 아라온호 운항일수는 2010년 214일, 2011년 289일, 2012년 268일, 2013년 311일로 늘고 있다. 2013년 아라온호는 1년 365일 중 선박 수리와 보수를 위한 최소한의 기간을 빼고 투입된 셈이다.

연도별 아라온호 운항일수 현황 (단위: 일)

	일반 및 연구항해				항해 준비 및 보급			
	일반항해		연구항해		외국기항		기지보급	합계
	남극	북극	남극	북극	남극	북극		
2010년	105	28	30	22	15	6	8	214
2011년	119	33	79	28	19	5	6	289
2012년	105	34	73	32	19	5		268
2013년	144	32	74	25	17	8	11	311

국내 연구조사선 연간 운항일수 비교

연구 조사선(보유기관)	2013년도 운항일수
아라온(극지연구소)	311
온누리(한국해양과학기술원)	231
탐해2(지질자원연구원)	147
해양2000(국립해양조사원)	272
무궁화34(동해어업관리단)	160

아라온호와 제2 쇄빙연구선 사양 비교

아라온		제2쇄빙선 (요구사양)
Polar 10급(-35℃)	아이스 클래스	Polar 20급(-45℃)
장착식	효율적 공간확보	탈·부착식
85명	승선인원 확대	120명
남극 중심	주요활동 해역능력	북극 중심
7487톤	총톤수	1만2000톤 급

아라온호 피로도

국내 다른 기관 연구조사선의 2013년 운항일수를 보면 한국해양과학기술원 온누리호(1,450t) 231일, 지질자원연구원 탐해 2호

(2,085t) 147일, 국립해양조사원 해양 2000호(2,500t) 272일, 동해어업관리단 무궁화 34호(2,180t) 160일로, 아라온호의 피로도를 짐작할 수 있다. 사정이 이렇다 보니 아라온호는 2013년 운항일수 311일 중 북극해에 65일(20.9%)만 투입할 수밖에 없어 북극 연구가 상대적으로 소홀해질 수 있다는 지적이 나온다.

어떤 기능 보강돼야 하나

제2 쇄빙연구선은 다년생 얼음이 많이 존재하는 북극의 특성을 고려해 아라온호보다 쇄빙 성능이 뛰어나야 하고, 최첨단 연구 장비를 갖춰야 한다고 전문가들은 입을 모은다. 아라온호는 1m 두께의 얼음을 시속 3노트로 깰 수 있다. 제2 쇄빙연구선 추진 장치는 기존 아라온호의 1만 6,000마력(HP)을 3만 2,000마력(HP)으로 강화하고, 결빙 해역에서의 안전을 확보하기 위해 강력한 추진기 2기를 장착해야 한다는 게 극지연구소의 의견이다. 또 북극해 개발에 대비해 해저 자원탐사에 필요한 기초자료를 수집하기 위해 탈부착식 시추성능(Moon Pool)과 원격조종이 가능한 로봇 시추장비(MEBO시스템)를 설치할 필요가 있다. 극지연구소는 1만 2,000t급 제2 쇄빙연구선의 건조사업비를 2,856억 원으로 추산하고 있다. 7,487t급 아라온호의 총사업비는 1,080억 원이었다.

파급 효과

공청회에서는 제2 쇄빙연구선 건조에 따른 다양한 파급 효과가 언급됐다. 제2 쇄빙연구선이 건조되면 북극해 중심의 연구탐사를 수행함으로써 기존 남극 중심의 아라온호와 역할 분담을 할 것으로 보인다. 또 북극항로와 에너지, 자원 관련 산업을 활성화하고 해저 가스 하이드레이트 탐사 같은 극지공학 기술력을 강화할 것으로 기대된다.

극지연구소 측은 "제2 쇄빙연구선은 북극항로 개척과 에너지 자원 개발은 물론 조선·기자재업체의 내한(耐寒) 성능 요소기술과 사업화 제품을 검증하기 위한 테스트베드로 다양하게 활용할 계획"이라고 밝혔다.

선박해양플랜트연구소 이동곤 미래선박연구부장은 "제2 쇄빙연구선 건조사업에 따른 선형 개발, 빙-선체 강도해석, 극저온 성능 같은 요소기술 개발도 기대된다"고 말했다.

제2 쇄빙연구선에 관한 전문가 제언

공청회에서는 우리나라가 극지 강국으로 도약하는 데 필요한 제2 쇄빙연구선에 관한 다양한 의견이 쏟아졌다.

대우조선해양 권오익 상무는 "영하 45도로 잡혀 있는 제2 쇄빙연구선의 내빙 성능을 영하 52도까지 강화하고, LNG(액화천연가스) 추진 시스템도 고려해볼 만하다"며 "제2 쇄빙연구선 건조를 통해 드릴십(시추선), 극해역 해양플랜트 등에 파급효과가 클 것으로 기대된다"고 말했다. 아라온호의 내빙 성능은 영하 35도까지 견디게 돼 있다.

한국선급 김대헌 기술전략개발팀장은 "아라온호를 건조할 당시 경험 부족과 잦은 설계 변경으로 어려움을 겪은 만큼 기획 단계에서 선박 목적에 맞게 사양을 확정해야 효율적으로 건조할 수 있다"고 건의했다.

　　한국해양과학기술원(KIOST) 박성욱 해양정책연구소장은 제2 쇄빙연구선 건조가 늦어질 경우 생길 수 있는 문제점을 지적하면서 "아라온호, 대형 과학조사선, 제2 쇄빙연구선의 차별화를 꾀해야 한다"고 말했다.

　　한국해양대 해양공학과 최경식 교수는 "기초자연과학, 조선공학, 극지공학 등 산업과 연계된 연구 활동을 수행할 수 있도록 해야 한다"고 조언했다.

　　인하대 홍성민 해양과학과 교수는 "제2 쇄빙연구선을 청소년 대상 극지교육과 해양·조선 관련 극지 전문가 육성에도 활용하자"고 제안했다.

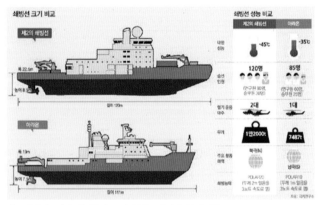

제2 쇄빙연구선과 아라온호 크기와 성능 비교 ⓒ 극지연구소

한진중공업 쇄빙연구선 건조 노하우 사장될라

쇄빙연구선 건조를 위한 국내 기술 노하우는 부산과 경남이 보유하고 있다. 아라온호에 대한 기술개발과 실시설계는 경남 창원시 진해구 STX조선해양이 맡았고, 건조와 감리는 부산 영도구 한진중공업이 담당했다. 게다가 쇄빙능력을 갖춘 종합해양조사선 기술개발 및 기본설계는 극지연구소의 본원인 한국해양과학기술원(KIOST)이 맡았다. 해양과학기술원은 2017년 12월 부산으로 이전했다.

안타깝게도 국내 최초의 쇄빙연구선 아라온호를 건조한 한진중공업은 최첨단 쇄빙선 건조 노하우를 살리지 못하고 있다. 한진중공업은 국내 최초의 쇄빙연구선이라는 명예와 함께 이를 건조하면서 쌓은 기술 노하우가 의미 있다고 여겨 손해를 감수하고 수주했지만, 쇄빙연구선 추가 주문이 이어지지 않고 있기 때문이다.

한진중공업 정철상 상무는 "영하 50도에서 강성을 유지할 수 있는 강판을 확보하는 것부터 만만치 않았다. 일반적인 배에서 구경조차 하기 어려운 수십 가지의 장비는 말할 필요도 없다. 회사의 입장에서도 사실상 정상적인 마진을 기대한 사업은 아니었다"고 말했다. 그러면서도 "세계 유수의 쇄빙연구선과 비교해도 뒤지지 않는 성능을 갖춘 아라온호를 건조하기 위해 사업비(1,080억 원)를 훨씬 초과하는 비용을 기술 개발에 쏟아 부었는데 추가 수주가 없어 최첨단 기술 노하우가 사장되는 것 같아 안타깝다"고 지적했다.

▲ 2008년 5월 7일 아라온호 기공식
▼ 아라온호를 건조 중인 한진중공업
ⓒ 국제신문

5부
남극으로 가는 길

한진중공업은 국내 중형 조선소로서 중국에 잠식당하는 일반 상선보다 쇄빙선과 같은 특수선 시장에서 활로를 모색하고자 뛰어들었으나 상황이 여의치 않다. 선진국과 일부 업체가 독점한 특수 장비를 국산화하고 생산성을 높여 세계 수준의 경쟁력을 지닌 제품군으로 자리 잡을 수 있도록 하는 국가 차원의 지원이 뒷받침되지 않기 때문이다.

2014년 남극 장보고과학기지 준공으로 우리나라는 남극 대륙에 2개의 상주 연구기지를 건설한 세계 10번째 국가에 이름을 올렸지만, 그런 위상에 걸맞은 극지연구 인프라 확충과 지원이 뒤따르지 않는다는 지적이 나오고 있다. 아라온호는 2013년 한 해 동안 311일을 해상에 머무르며 수송 및 연구 활동을 수행했다. 한 척뿐인 아라온호가 사고나 고장, 점검으로 운항할 수 없을 때 벌어질 심각한 상황을 충분히 예상할 수 있다.

극지 전문가들은 "세계적으로 북극항로 개척과 극지 자원에 관한 주도권 경쟁이 치열한 상황에서 쇄빙연구선은 총성 없는 영토전쟁의 척후병 역할을 하는 만큼 2척 이상으로 선대를 꾸리는 것이 바람직하다"고 입을 모았다.

북극 생태계 조사에 나선 아라온호 ⓒ 극지연구소

국내 조선사, 극지용 선박 유치전

극지에 대한 관심이 높아지면서 국내 조선사들의 극지용 쇄빙선, 자원 탐사선, 해양플랜트 유치전이 활발하다. 하지만 외국 해운사들이 세계 최고의 조선 기술력을 보유한 국내 조선사에 극지용 선박을 맡겼는데 극지용 기술력과 인프라 부족 탓에 한국 기업이 다시 외국에 세세한 기술 자문을 요청한 경우도 더러 있다. 해양수산부 산업통상자원부 등 관련 부처와 기업이 힘을 합쳐 기술 투자에 나서야 한다는 목소리가 높다.

국내 3대 조선사인 삼성중공업, 대우조선해양, 현대중공업은 해외에서 들어오는 극지용 선박 수주경쟁을 치열하게 벌이고 있다. 북극항로가 개척되고 북극 연안국들의 수요가 높아지면서 세계 최고의 기술을 가진 한국에 주문을 쏟아냈다.

삼성중공업은 2007년 세계 최초로 양방향 쇄빙유조선을 건조했다. 이 선박은 얼음 산맥에 막혀 고립되면 추진기를 180도로 돌려 후진해 주변의 결빙된 얼음을 깨면서 자체적으로 새로운 항로를 찾아 나아갈 수 있는 극지용 쇄빙유조선. 러시아 북부의 바랜디 유전과 무르만스크 항구 사이의 바렌츠해를 오가는 항로에 투입됐다. 삼성중공업은 또 세계 최초로 극지용 드릴십(선박 형태의 원유 및 가스 시추 설비) 건조에 성공했다. 2012년 3월 스웨덴 스테나사에 인도한 스테나 아이스막스호가 바로 그것. 수주 당시 선가만 9억 4,600만 달러에 달해 드릴십(시추선) 발주 사상 최고가를 기록한 바 있다. 대우조선해양은 2013년 러시아 선사로부터 총 6조 원에 이르는 LNG 쇄빙 운반선 16척을 한꺼번에 수주했다.

현대중공업은 2011년 8월 세계 최대 규모의 극지용 쇄빙 상선을 개발했다. 현대중공업은 당시 캐나다 IOT연구센터 빙해수조에서 19만t급 쇄빙 철광운박선에 관한 최종 선형 성능 검증을 성공적으로 마쳤다. 현대중공업 관계자는 "현재까지 쇄빙 상선 수주 실적은 없다. 해운사의 발주가 있어야 하는데 아직 해운사들이 쇄빙 상선을 운용하거나 선박운용 계획을 세운 단계가 아니기 때문이다. 극지 광산 개발 같은 특정 프로젝트만 간간이 검토되고 있다"고 밝혔다.

실제로 최근 들어 외국 해운사들의 주문이 주춤한 상태다. 러시아 등이 국내에 발주했다가 국내 기업들이 러시아의 요구를 100% 충족하지 못하는 경우도 있다고 한다. 국내 기업이 물량을 받아 다른 나라에 기술력을 알아보는 경우도 있다는 후문이다. 국내에 극지용 선박 개발을 위한 필수 인프라인 심해공학수조가 없는 데다 조선 경기 불황으로 기업이 기술 개발을 위한 투자를 적게 한 탓으로 분석된다. 기업의 준비가 부족했다는 얘기다.

극지공학 전문가인 한국해양대 해양공학과 최경식 교수는 "한국이 (조선) 능력이 앞서지만 극지 운항을 위한 특별한 기술을 전부 '커버' 하지는 못하고 있다"면서 "극지 이슈를 확산시키고 실익을 챙기려면 이제 실질적인 기술 능력을 확보하는 데 주력해야 한다. 기업도 2~3년 뒤를 내다보면서 기술 및 인력 투자를 해야 한다"고 조언했다.

남극 암반 활주로 건설 필요성

남극 장보고과학기지는 우리나라와 달리 남반구 여름에 해당하는 11~2월이면 하계대원들이 몰려와 눈코 뜰 새 없이 바쁘다. 남극에서는 여름이 아니면 혹한에다 해빙(海氷)이 녹지 않아 쇄빙연구선의 접근이 불가능하기 때문이다. 특히 1년간 상주하는 신·구 월동대(각 17~18명)가 교체하는 시기에는 장보고기지 숙소동의 방이 모자라 일부 대원은 일시적으로 비상 숙소동에서 생활할 정도다. 문제는 연구자들이 여름을 이용해 남극에 가려고 해도 교통편이 원활하지 않아 연구 차질로 이어진다는 점이다. 남극 장보고기지에 갈 수 있는 교통편은 전세 수송기나 쇄빙연구선 아라온호를 타는 두 가지가 있다. 항공편과 배편 모두 남극의 여름 몇 달밖에 이용하지 못하는 한계가 있다. 쇄빙선은 겨울철 두꺼운 얼음을 깰 수 없어 11~3월에만 접근이 가능하고, 비행기 역시 바다 위의 해빙(海氷) 활주로가 녹지 않는 11월 한 달가량만 이용할 수 있다.

이에 따라 정부와 극지연구소가 극지 강국의 기치를 내걸고 추진 중인 빙저호(얼음 밑 호수) 연구와 남극점 인근 제3 내륙기지 건설을 실현하려면 제2 쇄빙연구선 건조와 암반(육상)활주로 건설 및 항공망 구축을 서둘러야 한다고 극지 전문가들은 입을 모은다. 장보고기지 뒤편 암반활주로를 건설하면 언 바다 위의 해빙활주로나 계곡 빙판 위 빙원(氷原) 활주로와 달리 사계절 이용이 가능하기 때문이다. 남극에는 현재 여름에만 한두 달 쓸 수 있는 빙원(氷原) 활주로나 해빙(海氷) 활주로만 있다.

  장보고기지 옆에는 암반층이 있다. 길이 1.8㎞에 폭은 100m 정도다. 기지 건립 구상을 할 당시에는 몰랐는데 나중에 발견됐다. 극지연구소는 남극 장보고기지 암반활주로 후보지에서 시범 비행한 결과 등을 토대로 2012년 12월 '남극 장보고기지 활주로 건설 및 항공망 구축방안 보고서'를 내고 암반활주로의 필요성을 제안했다. 이에 해양수산부는 (주)유신에 의뢰해 '남극 장보고기지 활주로 건설 및 항공망 구축 기본계획수립' 기획연구를 2015년 진행했다. 연구 결과 2단계(1단계 1,500m, 2단계 300m)로 나눠 530억 원을 들여 활주로를 건설하면 비용 대비 편익(B/C)이 1.19로 경제성이 있는 것으로 나타났다. 무엇보다 장보고 기지 인근에 암반활주로를 건설하고 항공망을 구축하면 남극 장보고기지 인력 및 화물수송이 아라온호만 이용할 때보다 65일 확대되는 것으로 조사됐다. 아라온호만 활용하면 하계활동 기간은 80일인데 비해 독자적인 항공망을 구축하면 145일로 늘어난다. 응급환자가 발생해도 비상수송이 가능하다. 게다가 항공기의 인력 및 물자수송 분담이 늘면 아라온호의 부담이 줄어들어 본연의 해양연구 활용 기간이 늘어나는 것도 또 다른 이점이다. 현재 아라온호는 1년 365일 중 2013년 311일을 운항하는 등 쉴 새 없이 남북극 과학기지에 물자와 인력을 수송하느라 피로도가 심각하다.

  극지연구소는 내부적으로 한정된 예산 탓에 제2 쇄빙연구선 건조와 암반활주로 건설의 우선순위를 놓고 의견이 분분하다. 극지해양미래포럼 이동화 운영위원회 부위원장은 "우리나라가 암반활주로

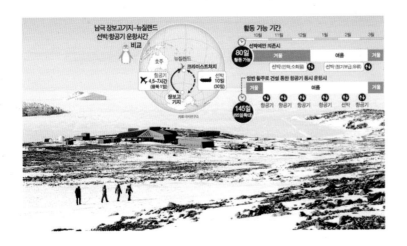

를 먼저 건설한다면 우리보다 100년 먼저 남극에 진출한 선진국을
단번에 따라잡고 '남극 이니셔티브'까지 쥘 수 있는 절호의 기회"라
고 강조했다.

장보고기지 인근 암반 활주로 부지

장보고과학기지 대원들이 기지 바로 옆에 위치한 암반 활주로 부지를 걸으며 살펴보고 있다. 맨 오른쪽이 필자.

칠레 푼타아레나스를 타산지석으로, 부산은 대한민국 목구멍

남북극으로 진출하는 출발점이 되는 부산은 극지 연구와 관련 산업의 전진 기지가 될 유리한 조건을 갖춘 만큼 미리 대비해 기회를 잡아야 한다고 극지 전문가들은 입을 모은다. 대서양과 태평양을 잇는 마젤란해협과 지구의 땅끝 도시 칠레 푼타아레나스의 부침은 북극항로 시대를 앞둔 부산에 시사점을 준다. 남아메리카 대륙 최남단에 위치한 푼타아레나스는 남극과 가장 가까운 곳이어서 남극 진출의 교두보가 될 수 있다는 지정학적 이점을 가지고 있다.

모험가 마젤란이 1520년 11월 28일 대서양에서 태평양으로 이어지는 마젤란해협을 발견하면서 푼타아레나스는 마젤란해협의 중심 항구로 크게 번성했다. 마젤란은 콜럼버스가 발견한 아메리카 대륙 어딘가에는 인도를 거쳐 유럽으로 향하는 뱃길이 있으리라는 확신을 가지고 1519년 8월 10일 5척의 배를 이끌고 스페인 세비아항을 출항해 세계 일주에 나섰다.

과거에는 수많은 포경선과 상선들이 푼타아레나스에서 석탄, 식량 같은 항해에 필요한 물자를 선적하고 수많은 선원이 술잔을 기울였을 터. 그러나 1914년 파나마 운하가 개통되면서 마젤란해협과 푼타아레나스의 영화는 역사의 뒤안길로 사라졌다. 그러다가 지하자원과 수산자원의 보고로 꼽히는 남극에 과학기지를 건설하려는 선진국의 움직임이 활발해지면서 푼타아레나스는 예전만 못하지만 남극 과학기지의 물류 허브도시로 다시 주목을 받고 있다. 남극과 북극을 취재한 경험이 있는 박수현 국제신문 사진부 선임기자는 "중세 이후 세계사는 항로 개척의 역사로 볼 수 있다. 머지않아 열리게 될 북극항로에 어떻게 대처하느냐에 따라 부산의 운명이 바뀔 수 있다"고 지적했다.

부산도 지정학적으로 중요한 위치에 있다. 임진왜란 첫 패전을 기록한 부산 자성대 서문에 조선 조정은 '남요인후(南徼咽喉) 서문쇄약(西門鎖鑰)'이라는 비석을 세웠다. 남요인후는 남쪽 변방의 목구멍이라는 뜻이다. 사람으로 치면 먹고 숨 쉬는 목숨 줄이라고 할 정도로 나라의 명문이 걸린 곳이다. 서문쇄약은 서문은 나라의 자물쇠 같다는 의미다.

부산 자성대 서문에 세워진 '남요인후 서문쇄약' 비석 ⓒ 국제신문

조선 명종 때 천문지리에 능통해 서양 노스트라다무스에 비견되는 예언가 남사고가 자신의 호를 따서 지은 『격암유록』에서 부산을 최후의 보루로 인정했듯이 한반도 지정학적 요충지임을 남요인후가 단적으로 표현하고 있다. 낙동강 하구를 낀 부산은 한반도를 인체로 볼 때 항문 또는 성기 부위에 해당한다. 게다가 한반도를 거꾸로 보면 드넓은 대양을 빨아들이는 입에 해당한다. 부산항은 남극과 북극 등 극지로 가는 관문 항구인 데다 북극해가 열리는 시대를 맞아 그 중요성이 더욱 커질 것으로 항만 전문가들은 보고 있다. 1978년 우리나라 남극 연구의 효시 역할을 한 크릴시험 조업선 '남북호'도 부산항에서 출발했다.

핀란드 로바니에미 소재 악티쿰(ARKTIKUM) ⓒ 정옥재 국제신문 기자

국내 극지체험 시설

(1) 부산 국립해양박물관 극지연구 코너

부산 영도구 동삼동 국립해양박물관 4층 극지연구 코너. 청소년 20명이 몰려 남극 세종과학기지 연구원과 화상통화로 궁금한 점을 물어보고 있었다.

"남극에서 어떤 연구를 하나요?"

"가장 추울 때는 영하 몇 도까지 내려가나요?"

"한국에서 남극까지 가는 데 며칠이나 걸리나요?"

질문이 쏟아졌다. 아쉽게도 20분 만에 주어진 대화 시간이 끝났다. 20명이 참가하다 보니 한 사람에게 주어진 시간은 1분 정도. 너무 짧다는 게 참가자들의 반응이었다. 국립해양박물관은 2, 4주 토요일 세종기지 연구원과 대화 시간을 운영하고 있다.

2012년 7월 개관한 국립해양박물관 4층에 극지연구 코너가 있다. 극지 전시공간은 206㎡로 작다. 2~4층 전시면적의 극히 일부분이다. 항해선박, 해양역사인물, 해양문화, 해양산업, 해양과학, 해양영토, 해양생물, 해양체험 등 8개의 주제관 가운데 해양과학관의 해양과학사, 해양관측과 예보, 심해탐사, 극지연구 등 4개 하위 전시주제 중 하나가 극지다. 1985년 우리나라 최초의 남극탐험대가 사용한 텐트와 펭귄 모형 등이 전시돼 있다. 하지만 공간이 협소해 다양한 내용을 전시하지 못하고 안내판으로 설명하는 수준에 그친다. 그러

다 보니 박물관을 둘러보고도 극지 코너가 있었는지 기억하지 못하는 관람객이 많다. 이에 대해 국립해양박물관 관계자는 "해양을 주제로 한 박물관의 특성상 다양한 분야를 아울러야 하므로 한계가 있다"며 "예산이 허락된다면 해양에서 극지 분야를 특화한 극지박물관이 건립될 필요가 있다"고 말했다.

(2) 충남 서천 국립생태원 극지관

"어~ 왜 이리 추워!"

2015년 6월 28일 오후 2시께 충남 서천군 마서면 송내리 국립생태원의 에코리움 내 극지관은 10도 이하의 실내 온도를 유지하고 있었다. 30도 안팎의 수은주를 가리키는 바깥 온도와는 20도가량의 차이가 나서 상대적으로 더 춥게 느껴졌다. 생태해설사 권천석 씨는 "극지를 간접적으로나마 체험할 수 있도록 온도를 연중 10도 이하로 유지하고 있다"고 말했다.

극지관은 한반도의 지붕 개마고원을 시작으로 침엽수림이 발달한 타이가 숲, 툰드라 지역, 북극, 남극까지의 생태 변화를 살펴볼 수 있도록 조성된 게 특징이다. 북극곰, 북극여우, 우는 토끼, 순록, 남극도둑갈매기 등 다양한 박제표본을 활용해 재현한 극지생태계를 만나볼 수 있고, 빙설기후가 나타나는 남북극에서 서식하는 살아 있는 식물 14종과 젠투펭귄, 턱끈 펭귄(친스트랩펭귄) 등 2종이 살아있는 상태로 전시돼 있다. 실제 남극에 서식하는 젠투펭귄과 턱끈펭귄이 국내에 도입되기는 국립생태원이 처음이다. 이와 함께 쇄빙연구선, 남극 세종과학기지, 펭귄마을을 체험할 수 있다. 가족과 함께 이곳을 찾은 서울 여의도고교 윤정미 생물교사는 "극지에 가지 않더라도 온대 지역에서 극지방까지 생태 변화를 한눈에 체험할 수 있게 꾸며졌다"며 "부산에 극지체험관을 조성한다면 국립생태원 극지관을 참고해볼 만하다"고 말했다.

국립생태원 극지관에서
북극곰 박제표본을 구경하는
관람객들 ⓒ 오상준

국립생태원은 하루 만에 세계 기후대 체험이 가능한 생태체험관과 에코리움을 갖추고 있다. 에코리움에는 열대관, 사막관, 지중해관, 온대관, 극지관 등 기후대별 전시 온실이 있다. 환경부는 기후변화에 따른 생태계 연구와 대국민 환경교육을 목적으로 2007년부터 3,264억 원을 들여 기후대별 식물 4,300여 종, 3만여 개체를 갖춘 생태원을 2012년 12월 완공했다.

(3) 국립과천과학관 극지체험실

서울 근교 국립과천과학관에는 국내 유일의 극지체험실이 있다. 과천과학관 극지체험실은 협소한 편이다. 이 과학관은 상설전시

관, 천체투영관, 천체관측소, 특별전시관 등 5곳으로 이루어졌다. 상설전시관에는 기초과학관, 탐구체험관, 첨단기술관, 자연사관, 전통과학관 등으로 세분됐다.

극지체험실은 상설전시관 내 기초과학관의 70개 코너 가운데 한 곳이다. 33㎡(10평)도 채 안 되는 극지체험실에는 영하 20도의 극지 얼음을 체험하는 공간, 축소판 남극 모형에 펭귄 박제 3개와 남극의 갈색도둑갈매기가 전시됐다. 북극 모형은 없고 남극기지 월동대원들과 화상통화 전화가 설치돼 매월 2회 60분간 운영된다.

김경희(경기 안산시 신길동) 씨는 "한글을 모르는 아이를 위해 영상과 음향이 나왔으면 좋겠다. 또 물개 모형 등이 너무 작다"며 "전국에 공룡전시관은 없는 곳이 없는데 극지체험실은 이곳 외에 없다는 것이 놀랍다"고 지적했다. 해설사가 없어 제대로 된 체험이 이뤄지지 않는 듯했다. 그렇지만 이 공간을 통해 극지박물관과 극지체험관 건립을 위한 아이디어를 엿볼 수 있다. 과천과학관에는 극지체험실 외에 지진체험실, 태풍체험실, 돌풍체험실, 회오리체험실 등이 있다. 이를 잘 응용하면 남극의 블리자드(눈 폭풍) 체험실 등으로 발전적 계승이 가능하다. 남북극은 작은 지구이기 때문이다. 지진체험실은 한국수력원자력(주)이 제공했는데 앞으로 건립될 극지체험관도 이처럼 관련 기관의 협조를 얻는 것도 괜찮은 방법으로 보인다.

뉴질랜드[*]

[*] 해외극지시설 부분은 2015년 당시 해양수산부를 출입했던 정옥재 기자와 수산을 담당했던 이승륜 기자가 해외 취재를 바탕으로 2015년 9~10월 연재했던 <부산을 극지 허브로Ⅱ-세계극지도시를 가다>를 참조했다. 이승륜 기자가 뉴질랜드를, 정옥재 기자가 노르웨이 핀란드 영국을 각각 취재했다.

국제신문은 2015년 뉴질랜드 크라이스트처치 국제남극센터, 노르웨이 트롬쇠 프람센터, 오슬로 프람박물관, 핀란드 로바니에미 악티쿰(Arktikum·북극센터 겸 박물관) 등 해외 유수의 극지 관련 시설을 둘러보고 부산이 추진 중인 극지타운의 모델을 제시하는 기획 시리즈를 연재했다. 당시 세종시 해양수산부를 출입했던 국제신문 서울경제부 정옥재 기자와 본사 해양수산부 이승륜 기자가 해외 출장을 가서 취재한 내용을 바탕으로 해외 극지체험 시설을 정리했다. 필자도 사진부 박수현 선임기자와 함께 남극 장보고과학기지에 취재 가는 길에 뉴질랜드 크라이스트처치 국제남극센터 극지체험관, 캔터베리박물관을 방문한 경험을 보탰다.

(1) 크라이스트처치 남극체험관

뉴질랜드 남섬 북동 연안의 크라이스트처치는 극지 전문가라면 거쳐야 하는 도시다. 남극 장보고과학기지에 가려면 뉴질랜드 크라이스트처치공항에 내려 군용기나 민간 전세기를 갈아타야 한다. 여기서 남극까지 비행기로 7~8시간 걸린다. 이곳 공항으로부터 500m 떨어져 있는 남극 단지(Antarctic campus)는 남극연구 수행을 위한 전초기지다. 부산시와 (사)극지해양미래포럼이 부산에 조성을 추진하는 극지타운과 비슷한 형태를 갖추고 있다. 남극을 간접 체험할 수 있는 국제남극센터를 비롯해 극지연구소와 항공기 정비창 및 활주로, 물류창고 등 각종 연구 인프라가 몰려 있다.

특히 '남극체험관(International Antarctic Centre)'이 눈길을 끈다. 청소년을 대상으로 하는 극지체험교육장 역할을 한다. 남극체험관은 남극에 가지 않더라도 간 것과 같은 체험을 하면서 남극을 생생하게 배울 수 있도록 설계됐다. 이곳 눈과 얼음 체험관에서는 시속 40㎞의 남극 블리자드(눈 폭풍)와 영하 18도의 추위를 경험할 수 있다. 음향과 조명효과를 더해 실감나게 재현한 게 특징. 바람을 피해 이글루에 들어가니 한결 따뜻했다. 안내원은 "바람이 불어도 이글루 안은 상대적으로 따뜻한 편"이라며 "사진 촬영이 가능한 건 여름 폭풍에 온도를 맞췄기 때문"이라고 설명했다. 겨울 폭풍 때는 실제 기온이 최대 영하 89.2도로 떨어져 카메라가 작동하지 않을 뿐 아니라 순식간에 사망에 이를 수 있다고 한다. 이후 6분간 길을 걸으며 눈을 맞으면서 낮과 밤이 24시간 지속하는 남극의 여름과 겨울을 경험한 뒤 100만 년 형성된 돌을 만지고 헬기에서 촬영한 남극 영상 관람을 끝으로 실내 체험장을 나왔다.

취재진을 기다린 것은 '허글룬드 라이드'라고 불리는 남극 탐험용 설상차. 대당 14억 원짜리인 이 수륙양용 차량은 45도 경사 언덕을 거침없이 오르내리고 물웅덩이를 가로질렀다. 10여 분을 달린 뒤 차량이 멈췄는데도 탑승객은 환호를 질렀다.

해양수산부가 운영하는 '2014년 21C(세기) 장보고 주니어'로 선발돼 남극 장보고기지 준공식에 다녀온 김백진 군은 해수부 블로그에 '남극일기'를 통해 "(남극체험관에서) 블리자드를 잠깐 체험했지만

▲ 크라이스트처치 남극체험관과 이곳을 찾은 관광객들
▼ 남극체험관 허글룬드 라이드와 4D 영화관
ⓒ 이승륜 국제신문 기자

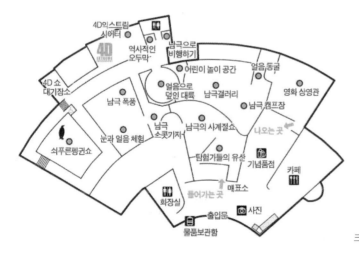

크라이스트처치 남극체험관 배치도

눈물이 날 정도로 바람이 셌다. 체험에 들어가기 전 방한복을 입었지만 냉기가 옷 안으로 들어왔다"고 소개했다. 같은 21C 장보고 주니어 조부현 양은 "대당 14억 원이나 하는 허글룬드는 경사가 45도나 되는 언덕을 오를 수 있고, 많이 흔들려서 롤러코스터를 타는 기분이었다"고 말했다.

4D(차원) 영화관은 남극의 풍경과 동식물을 실제처럼 보여줘 보는 이로 하여금 남극에 가고 싶게 만든다. 눈이 내리는 장면에서는 실제 눈을 맞을 수 있다. 아울러 남극 탐험의 역사와 남극에 서식하는 동식물도 볼 수 있다. 펭귄 가운데 가장 작은 쇠푸른(리틀블루) 펭귄(키 45㎝)이 인기다. 입장료는 성인 기준 자유이용권이 59뉴질랜드 달러(한화 4만4,000원), 일반이용권이 39뉴질랜드 달러(2만9,000원).

이곳을 여러 차례 방문한 이동화 남경엔지니어링토건 대표는 "남극으로 가는 관문인 크라이스트처치는 눈이 거의 오지 않는다. 그런데도 발상의 전환을 통해 남극체험관을 지어 남극에 가보고 싶은 전 세계인이 찾는 명소로 키웠다"고 강조했다.

(2) 캔터베리박물관

뉴질랜드 크라이스트처치가 남극의 관문이 된 데는 극지와 가깝다는 지리적 이점만 작용한 게 아니다. 극지 개척의 유산을 문화자산으로 보존하고, 연구 성과를 대중과 공유하려는 노력이 도시 곳곳에 배어 있다. 이런 크라이스트처치의 문화적 특성은 부산시가 추진 중인 극지타운 조성 사업에 시사하는 바가 크다.

뉴질랜드 남섬 캔터베리 크라이스트처치시 롤스턴 거리에 캔터

·LO·THESE·ARE·PARTS·OF·HIS·WAYS·BUT·HOW·LITTLE·A·PORTION·IS·HEARD·OF·HIM·

CANTERBURY

MUSEUM 1870

베리박물관은 1870년 개관한 이래 210만 점이 넘는 지역 자연·역사 자료를 전시하고 있다. 3층 남극 탐험 전시실에 들어서자 극지 개척에 나선 탐험가의 유물이 가득했다. 대표 전시물은 인류 최초로 남극점에 노르웨이 국기를 꽂는 데 쓰인 대나무를 깎은 '로알드 아문센의 주머니칼'. 아문센은 개썰매를 타고 남극점으로 출발한 지 55일 만인 1911년 12월 14일 목표를 달성했다.

전시관 한편에는 영국 탐험가 로버트 팰컨 스콧의 기념상이 있다. 스콧은 크라이스트처치 리털턴 항구에서 출발해 1912년 1월 18일 아문센보다 35일 늦게 남극점에 도달했지만, 돌아오는 길에 동료 4명과 함께 조난돼 목숨을 잃었다. 스콧의 동상은 조각가인 부인이 만든 것으로, 캔터베리 관광안내소 맞은편에 설치돼 있다가 지진 피해로 부서져 박물관으로 옮겨졌다. 스콧에 대해 전문가들은 "남극 탐험 자료와 장비 대부분을 죽는 순간까지 간직하고 있었다"며 "아문센에게 뒤진 2인자지만 후대에 위대한 탐험가로 칭송받는 이유"라고 평가했다.

기계 장비를 활용한 극지 개척의 흔적도 있다. 그중 하나가 1958년 영국 탐험가 비비안 훅스가 사용한 '스노캣 트랙터(snow-cat tractor)'라 불리는 남극 탐험용 설상차다. 훅스는 남극점으로부터 3㎞ 떨어진 지점에서 뉴질랜드 탐험가 에드먼드 힐러리와 만나 4,000여㎞에 이르는 남극 대륙 종단에 성공했다. 현지 안내원은 "남극 개척은 다른 나라에 비해 늦었지만, 남극 도시에 대한 시민의 자부심은 세계 최고"라고 말했다.

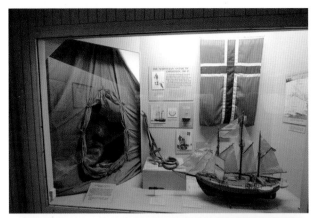

캔터베리박물관 내부 전시물

(3) 캔터베리대학교 '게이트웨이 안타티카'

남극 교육 도시의 위상은 박물관으로부터 남쪽으로 5.6㎞ 떨어져 있는 아이람의 캔터베리대에서도 확인할 수 있다. 1999년 극지학 연구 전문 기관 '게이트웨이 안타티카(gateway antarctica)'를 개설했다. 이곳에서는 남극학 석사(2년)·박사(3, 4년) 과정을 개설해 남극 정책·환경·생태계 전문가를 양성한다. 특히 석사 전 학부생을 상대로 14주 동안 진행되는 캔터베리대만의 교육 과정이 눈여겨볼 만하다. 수업은 선발 학생 16명을 대상으로 여러 학문 분야에 걸친 강의와 워크숍, 학술 토론으로 이뤄진다. 30여 명의 국제 남극 분야 전문가가 교수진으로 참여한다. 학생들은 이틀간 고지대를 체험한 뒤 남극에 있는 뉴질랜드 과학기지인 스콧베이스에서 10일간 거주하며 현장 프로젝트와 환경 감시를 결합한 연구를 수행한다. 교육 기간 학생들은 남극·남빙양 관련 독자 연구를 수행해야 한다. 연구 주제는 자연과학·사회과학·역사 분석·남극 문학·예술 등 어떤 분야도 상관없다.

캔터베리대의 게이트웨이 안타티카 과정을 이끄는 브라이언 스토리(남극학) 학장은 "남극 전문가를 키워 극지 관련 인적 인프라를 늘려야 한다는 사회적 요구에 따라 지난 15년간 300여 명을 이수·졸업시켰다"며 "덕분에 많은 이들이 남극에 관심을 두게 됐다"고 설명했다. 캔터베리대에 유학 중인 한국인 이경호(정치외교학) 씨는 "미국 일리노이주립대에서 농경제학을 전공하다가 남극의 무한한 가치 창출 가능성에 매력을 느꼈다"며 "평소 관심 있던 환경 문제를 외교·정책 분야와 접목해 남극학으로 이어갈 계획"이라고 말했다.

브라이언 스토리 학장은 남극학 연구에서 중요한 것은 학문 간

교류라고 했다. 거대한 남극 대륙을 남극학이라는 틀에 모두 담아내기는 불가능하기 때문이다. 학부에서 정치외교학을 졸업한 학생이 남극 정치학을 세부 전공하는 식이다. 이를 위해 게이트웨이 안타티카 과정에 직속된 교수진은 5명뿐이지만 타 학과 교수 30여 명과 연계해 프로그램을 운영하고 있다. 브라이언 스토리 학장은 "남극 연구 인프라는 건물과 시설만 갖춘다고 하루아침에 생기는 게 아니다"며 "시간이 걸려도 남극 정보를 대중에 개방해 남극 연구의 공감대를 형성하는 게 중요하다"고 강조했다.

노르웨이

(1) 프람박물관

우리나라는 2009년 11월 쇄빙연구선 아라온호(7,487t)를 건조하기 전까지 다른 나라의 쇄빙선을 빌려서 남북극에 갈 수 있었다. 바이킹의 후예 노르웨이는 우리보다 무려 110여 년이나 빠른 1892년 북극해 탐험을 위해 길이 39m, 너비 11m, 700t급 프람호를 건조했다. 프람호는 극지의 얼음에 둘러싸여도 빙압을 잘 견딜 수 있게 설계됐다. 덕택에 프람호는 난센의 북극 탐험, 아문센의 남극 탐험, 스베르두르프의 그린란드 탐험 등에 두루 사용되며 남북극 관측조사에 중요한 역할을 했다.

이 같은 역사를 간직한 프람호 실물을 노르웨이 오슬로 '프람 박물관'에 가면 볼 수 있다. 이 때문에 이곳은 오슬로를 찾는 관광객의 필수 코스. 2013년 정부의 북극항로 시범운항에 참여했던 남청도 한국해양대 교수는 "프람박물관에 전시된 프람호와 난센과 아문센 같은 탐험가들이 사용했던 물품을 둘러봤더니 노르웨이의 개척정신과 상상력을 몸소 느낄 수 있었다"고 기억했다. 프람호에서 난센과 아문센이 영양보충을 위해 즐겨 먹었던 초콜릿, 귀여운 북극곰 모자 같은 기념품은 관광객에게 인기를 끌고 있다.

세계적인 극지박물관으로 꼽히는 프람박물관 옆에는 해양박물관, 콘티키박물관이 있다. 해양박물관과 극지박물관이 중첩되지 않

고, 독자적 영역이 있음을 보여준다.

프람박물관이 위치한 뵈그되이 지구에는 노르웨이 해양박물관, 콘티키박물관, 바이킹박물관 그리고 노르웨이 민속박물관이 걸어서 15분 이내에 있다. 이 박물관은 또 다른 선박박물관이자 해양박물관이다. 바이킹의 후예인 노르웨이는 이 박물관을 통해 '노르웨이는 해양 강국, 조선 강국'이라고 메시지를 전하고 있다.

놀라운 스토리텔링

노르웨이 오슬로 남서부 뵈그되이 박물관 지구의 프람박물관(Fram museum)은 노르웨이 극지탐험선 프람호를 전시한 '극지종합백화점'이다. 프람박물관은 노르웨이 극지탐험가인 프리드쇼프 난센, 오토 스베드럽, 로알 아문센이 북극·그린란드·남극을 항해했던 프람호, 요야호를 전시하고 있다. 프람박물관은 프람호를 중심으로 서양의 극지탐험사를 스토리텔링한다. 프람(Fram)이란 '전진'이라는 뜻으로 1911년 아문센의 남극 탐험 때 전진기지의 이름(프람하임)이었다. 노르웨이 극지허브인 트롬쇠의 프람센터 명칭도 여기에서 따왔다.

프람박물관은 피라미드 모양의 건물 두 개에 각각 프람호와 요야호를 전시했다. 이 건물은 오로지 이 배를 전시하기 위해 건축됐고 배를 둘러싸고 있는 발코니를 따라 극지탐험사가 설명된다. 프람호 전시관은 1층과 2개의 발코니 층으로 프람호를 둘러쌌으며 지하 통로를 통해 요야호 전시관과 연결된다. 관람용 지도에 나온 관람 순서를 따라 움직이면, 노르웨이를 중심으로 한 극지탐험사를 생생하

프람박물관에 전시된 프람호
© 정옥재 국제신문 기자

게 체험할 수 있다. 프람호 전시관은 ▷북극 탐험사 ▷프람호의 제 1
차 탐사 ▷프람호의 원리 ▷난센의 삶 ▷남극 탐험 ▷프람하임 ▷남
극 탐험 경쟁 ▷스콧의 썰매 순으로 구성됐다. 요야호 전시관은 ▷
북서항로 탐험 ▷난센의 그린란드 탐험 ▷프람호의 제 2차 탐사 ▷
아문센의 북위 88도 비행 ▷아문센이 탔던 라탕호 등이 역사 순으
로 구성됐다. 난센, 스베드럽, 아문센과 다른 영웅이 남북극을 항해
하기 위해 사용했던 지도, 시계, 기압계, 망원경 등 각종 장비와 물
품이 전시됐다.

    2015년 여름 휴가차 가족과 함께 이곳을 방문한 남아프리카공
화국 출신의 니나 토드(여) 씨는 "이 배가 아름답고 튼튼하게 만들어
졌다는 데 놀랍다. 전시 정보로부터 지식을 습득할 수 있어 더욱 좋
다"고 말했다. 특히 난센이 첫 북극탐험 당시 첫 성탄절 때 사용했던
메뉴에는 당시의 기온까지 상세히 적혀 있다. 아문센이 1911년 세계
최초로 남극점을 정복할 당시 데려갔던 개의 방울도 눈길을 끈다. 이
뿐 아니라 프람박물관 한쪽 귀퉁이에는 아문센의 경쟁자였던 로버
트 팰컨 스콧의 유물과 기록을 영국 케임브리지대 스콧연구소로부
터 기증받아 전시하고 있다.

융·복합 극지박물관

    프람박물관은 극지체험시설이 결합된 융·복합 박물관이다. 박
물관 1층에는 노르웨이의 다른 박물관처럼 기념품 가게가 있다. 이
곳에서는 시중에서 구하기 힘든 극지 전문도서도 판매된다. 같은 층
에는 카페테리아(프람하임 카페), 극지체험시설도 있다.

프람박물관의 극지체험시설은 '젊은 탐험가들의 클럽'이라고 불린다. 이 클럽에는 사냥체험을 할 수 있는 사격시설, 극지의 짐 운반 체험, 설상가옥 체험, 위험시 반응체험을 할 수 있다. 박물관 2층 발코니에는 '가상 북극 얼음 조난 체험', 박물관 3층 발코니에는 탐험가의 초상이 전시돼 있다. 시청각실에는 영어, 독일어, 노르웨이어, 러시아어 등 10개 국어로 만들어진 다큐멘터리를 번갈아 방영한다.

프람박물관 모든 전시물에는 단말기가 있어 한국어를 포함해 세계 각국의 언어로 극지 탐험사를 설명한다. 관람객은 발코니 층을 통해 프람호의 갑판과 선박 내부로 들어갈 수 있다. 20분마다 박물관 천장에서 '북극의 빛'이라는 조명이 프람호 갑판을 비춘다.

노르웨이 정부는 프람박물관 전시를 통해 '노르웨이는 남극과 북극에 영유권을 확보하고 있는 유일한 국가'라며 '노르웨이는 남극 대륙의 영토 200만㎢를 요구하며 남극 화산섬인 부베퇴야는 우리 영토'라고 홍보한다.

프람호와 프람박물관 스토리텔링

프람호는 프리드쇼프 난센의 북극탐험(1893~1896), 오토 스베드럽의 그린란드 및 캐나다령 엘스미어섬 탐험(1898~1902), 로알 아문센의 남극탐험(1910~1912) 등 크게 세 번 사용됐다. 프람박물관은 세 번의 항해에 초점을 맞춰 극지 탐험사를 스토리텔링했다. 프람호는 1892년 난센과 스베드럽이 콜린 아처에게 맡겨 길이 39m, 배수톤수 800t 규모로 제작됐다. 떡갈나무를 재료로 한 이 배는 앞부분이 달걀처럼 둥글게 만들어져 유빙이 배를 향해 돌진하면 선박이 그 위로 떠

오르도록 설계됐다. 1930년 5월 퇴역해 노르웨이 중남부의 트론하임으로, 4~5개월 뒤 남부 해안도시인 오슬로로 옮겨졌다.

　노르웨이 왕가는 1931년 배의 소유권을 프람호 보존위원회로 이관했고, 그 엔진은 트론하임 공대에 맡겨졌다. 작은 엔진으로 바꿔 단 프람호는 1935년 5월 6일 마지막 항해에 나섰다. 1분에 1㎝의 속도로 현재 위치로 이동했다. 프람박물관에 전시된 프람호는 스베드럽이 그린란드 북서쪽을 항해했던 모습이다. 오슬로 건축가협의회는 1934년 프람호를 전시할 건물 디자인을 공모했고 박물관은 1936년 5월 20일 노르웨이왕 하아콘 7세와 올라프 황태자가 참석한 가운데 개관했다. 요야호는 북서항로 개척에 처음 성공한 배로, 40년간 외부에 전시됐다가 2013년 프람호가 전시된 왼편 건물에 입주했다.

　트롬쇠는 아문센이 동료를 구하러 마지막 비행을 출발한 곳이고, 비북극권인 남부 해양도시 오슬로는 청년 아문센이 난센의 그린란드 횡단에 감명 받고 탐험가가 되기로 결심한 곳이다.

(2)트롬쇠 프람센터

　노르웨이 트롬쇠는 북위 69도 40분에 위치한 북극권 최대 도시다. 제2차 세계대전 당시 노르웨이 임시수도 역할을 했던 트롬쇠는 트롬쇠야라는 섬과 그 주변으로 이뤄졌다. 경치가 아름다워 '북극의 파리'로 불린다. 트롬쇠는 부산항에서 북극항로를 따라 유럽으로 향할 때 가장 먼저 닿는 항구이며 부산처럼 수산업 중심지이면서 크루즈 관광의 거점이다. 인구 6만 명에 불과한 이 도시는 고래잡이, 청어잡이 중심지였지만 최근 들어 극지 허브로 바뀌고 있다.

트롬쇠 프람센터 ⓒ 정옥재 국제신문 기자

트롬쇠에는 노르웨이 극지탐험가 로알 아문센의 희생정신이 스
며있다. 트롬쇠 중심가에는 아문센의 입상이 우뚝 서 있다. 그의 동
료였던 움베르토 노빌레가 1928년 스발바르 제도의 스피츠베르겐에
서 조난당하자 아문센은 그를 구하러 트롬쇠에서 비행선을 타고 나
갔다가 실종됐다. 아문센이 탔던 비행선 제작사인 라탕과 트롬쇠 시
민들은 아문센을 추모해 그의 입상을 트롬쇠 중심가에 세웠다. 아문
센의 희생이 극지 허브의 출발인 셈이다.

아문센 입상

트롬쇠가 극지허브로 자리매김한 것은 국가의 의지가 컸다. 노
르웨이 국왕 하랄 5세는 1998년 오슬로에 있던 각종 연구소를 트롬
쇠로 옮겨 프람센터를 세웠다. 프람센터에는 노르웨이 극지연구소
(NPI), 해양연구소, 국가연안위원회, 지질연구소, 문화유산연구소 등
20개 연구기관과 북극이사회(Arctic Council), 북극경제이사회 사무
국이 입주해 있다.

군 지셀 야클린 NPI 홍보실장은 "많은 이들이 반대했지만, 정
부는 극지와 연관된 역사를 지니고 있고 관련 연구가 진행됐던 트
롬쇠에 극지 관련 조직의 효율성을 높이기 위해 NPI를 이주시켰다"
며 "63명 가운데 6명만 트롬쇠에 왔지만 그 빈자리는 국제적인 과학
자들이 메웠다. 흥미로운 것은 이들은 트롬쇠에서 일하고 싶어했다"
고 말했다.

얀 군나르 윈터 NPI 소장은 "프람은 노르웨이 극지 탐험사에서
매우 중요한 단어로 '미래를 바라보다'는 의도"라고 설명했다.

프람센터 부속 건물로는 '폴라리아'(수족관)가 있다. 폴라리아 건
물은 벽돌 여러 장이 쓰러지는 모습을 한 독특한 디자인으로 유명하

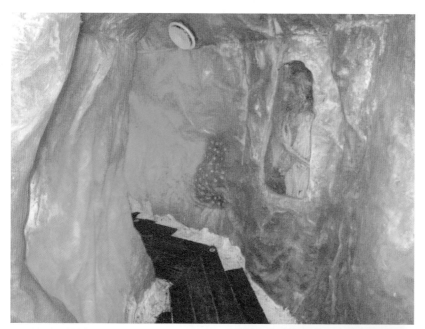

트롬쇠 프람센터 내부
ⓒ 정옥재 국제신문 기자

다. 이곳에서 만난 뉴질랜드 건축가 린드새이 케네디(63) 씨는 "눈이 내리면 동화처럼 보일 것"이라고 말했다.

한국해양수산개발원 김종덕 정책동향연구본부장은 "트롬쇠는 북극권의 조용한 연안도시이지만 북극 문제와 관련해 지구에서 가장 바쁜 도시로 매년 세계 최대의 북극 문제 논의의 장인 악틱 프런티어(Arctic Frontiers) 콘퍼런스가 열린다"며 "노르웨이 정부는 이곳을 '북극 수도'로 발전시키려는 구상을 가지 있다"고 말했다.

(3) 북극대학교, 박물관 통합 운영

트롬쇠에는 극지박물관(The Polar Museum), 트롬쇠박물관, 식물정원, M/S 폴스예르나호 전시관 등 각종 극지 관련 박물관이 흩어져 있다. 이 박물관은 트롬쇠대학이 통합 운영한다. 이 대학은 2013년 8월 핀마르크대학과 통합해 노르웨이 북극대학교(UiT)로 재출범했다. 극지박물관은 ▷1600~1700년대의 스발바르 ▷물개, 북극곰 사냥 ▷아문센과 난센 ▷북극곰 사냥꾼 헨리 루디 등 노르웨이의 극지 탐험사를 트롬쇠 지역사와 연계해 스토리텔링했다. 트롬쇠박물관은 또 다른 극지박물관이다. 이 박물관은 북극의 자연과 생활사가 전시됐으며 원주민인 사미족 보호에 초점을 맞췄다. 트롬쇠 영주의 저택을 개조한 식물정원에는 스발바르의 북극 식물이 자란다. 스발바르에는 우리나라 다산과학기지를 포함해 세계 각국의 북극 과학기지가 몰려 있다.

핀란드

핀란드 로바니에미시는 수도 헬싱키에서 북쪽 900㎞ 지점에 위치한 북부권 최대 도시다. 라프란드주의 주도이자 북극권의 지리적 경계인 북극서클(북위 66도 33분)을 끼고 있다. 산타클로스 공식 마을이 있는 곳으로도 유명하다.

인근 러시아나 노르웨이와 비교해 약소국인 핀란드는 목재, 모피 교역의 중심지인 로바니에미를 북극허브로 육성해 관광객을 끌어들이고 있다. 러시아와 인접한 핀란드 교통허브인 로바니에미는 부산과 닮았다. 부산은 유라시아 교통·물류허브이자 북극항로의 중심지, 한반도 남부권 거점도시다. 또 을숙도 등지에서 월동하는 큰고니는 핀란드의 국조(國鳥)이기도 하다.

로바니에미 북부에는 악티쿰(ARKTIKUM)이라는 건물이 있다. 이 건물에 라프란드대학 부설 북극센터(Arctic Centre)가 입주했으며 핀란드 북극 연구를 주도하고 있다. 북극센터 내 '세계변화 연구그룹'은 생태·환경 및 사회변화를, '지속 가능한 발전 연구그룹'은 공동체가 어떻게 변화에 적응하는지를, '북부권 환경과 소수자를 위한 법 연구소'는 환경과 인권에 관한 문제를 연구한다.

구체적인 분야로는 기후변화, 빙하, 생물다양성, 바렌츠해역, 정치학과 생태학, 환경과 소수자법, 과학커뮤니케이션 등이다. 북극센터는 "북극과 바렌츠해역은 우리 집(home)이기 때문에 외부의 시

▲ 핀란드 로바니에미 악티쿰
◀ 전시물
ⓒ 정옥재 국제신문 기자

6부
국내외 극지체험시설

각이 아니라 우리 일상생활의 한 부분으로 연구한다"고 강조한다. 실제로 핀란드 영토의 일부분은 북극권에 있고 자원이 많고 환경적으로 중요한 바렌츠해역은 러시아, 노르웨이 등 강대국의 이해관계가 첨예하게 대립하고 있지만, 핀란드는 이 틈을 파고든다. 바렌츠해역을 끼고 있지 않은 핀란드는 북극센터를 통해 유럽연합의 바렌츠해역 연구를 주도하고 있다.

시민·자연과 호흡

북극센터의 독특한 점은 연구자의 연구 결과에만 갇혀 있지 않는다는 것. 악티쿰 건물은 거꾸로 된 T자 모양으로 건물 길이는 172m. 악티쿰에는 북극센터 외에도 박물관, 과학관, 도서관, 갤러리, 아쿠아리움이 입주했다. 건물 전면부에는 북극센터와 도서관과 갤러리가, 건물 내 중앙통로 왼쪽에는 과학관이, 중앙통로 오른쪽에는 박물관이 있다. 과학관은 시민에게 북극에 대한 이해를 돕고 박물관은 북극이 지역과 긴밀한 연관이 있다는 점을 보여준다. 북극센터가 과학관을, 로바니에미 지역박물관이 악티쿰 내 박물관을 각각 운영한다.

과학관 한쪽 시청각실(폴라리움)에서는 오로라를 비롯한 북극과 관련된 다큐멘터리가 방영된다. 언어적 설명이 많은 노르웨이 프람박물관 시청각실과 달리 폴라리움은 사진과 배경음악만으로 북극에 관해 속삭인다. 키빌라티 전문관은 "건물 앞쪽은 도시, 이 건물은 문화, 건물 뒤편은 자연을 상징한다"고 설명했다. 악티쿰 건물 앞쪽인 남쪽은 로바니에미 도심부가 위치해 있고 건물 뒤편에는 오우나스

강(자연)이 흐른다.

악티쿰 내 박물관은 2015년 여름 '우리는 친구였다(Wir Waren Freunde)'라는 전시회를 열었다. 제2차 세계대전 당시 독일군 점령 시절 생활사가 전시됐다. 키빌라티 전문관은 "독일군이 로바니에미 전체를 파괴했지만 지금 우리는 친구처럼 지낸다"고 말했다.

도서관 옆 갤러리는 미술작품 등이 전시되고 있다. 우리나라 전 주패선협회는 2013년 2월 로바니에미시에서 열린 '2013 로바니에미 디자인위크'에 참여해 이 갤러리에서 작품을 전시했다. 악티쿰 중앙 통로에서는 한지 의상 패션쇼도 열렸다.

1979년 유럽문화재단의 제안으로 북극박물관으로 시작된 북극 센터는 1989년 정식 출범했고, 1996년 핀란드 독립 75주년을 맞아 건 립된 악티쿰(ARKTIKUM)에 자리 잡게 됐다. 북극센터는 20년 이상 현 재 바렌츠해역 등 북극 종합 정보를 영어, 러시아어, 스웨덴어, 사미 어 등 5개 언어로 제공하고 있다. 2012년부터 유럽연합의 의뢰로 '유 럽 북극정보센터 이니셔티브'의 타당성 평가를 맡고 있다. 이 센터는 2015년 7월 부산 영도구 동삼동 한국해양수산개발원(KMI)을 방문해 북극 정보센터 구축을 논의한 바 있다.

영국

영국 캠브리지는 세계 극지연구의 허브다. 그 핵심축은 바로 캠브리지대 스콧연구소(Scott Polar Research Institute·SPRI)와 영국 남극연구소(British Antarctic Survey·BAS). 캠브리지에는 이 두 곳 외에도 남극유산신탁, 남극대륙붕프로젝트, 국제빙하연구회 등 총 10곳의 극지 관련 기관이 몰려 있다.

영국은 노르웨이 출신의 로알 아문센(1872~1928)보다 남극점 정복에는 늦었지만 '과학탐사'라는 위대한 유산을 남긴 자국 출신 로버트 팰컨 스콧(1868~1912)을 기념하며 극지연구에 매진하고 있다.

(1) 스콧의 동료가 세운 캠브리지대학교 스콧연구소(SPRI)

SPRI는 캠브리지 다우닝 지역의 3층짜리 작은 건물에 있다. 하지만 약 100년간 수집한 수많은 장서와 정보 때문에 SPRI는 세계 극지연구의 중심 역할을 하고 있다. SPRI는 남·북극에 관한 사회과학과 자연과학(빙하학, 인공위성을 이용한 원격탐사 등)의 학제 간 연구를 진행한다. SPRI 측은 "세계 최고 수준인 도서관과 아카이브에는 전 세계 방문학자, 과학자들이 몰려들고 있다"고 자랑한다.

로버트 케이쓰 헤들랜드 SPRI 고위협력연구원은 '한국도 아카이브를 구축하고 있다'는 취재진의 말에 "우리는 1920년부터 구축했고 도서관 장서를 일렬로 세우면 몇 km쯤 된다"고 답했다. 1934년 현

영국 캠브리지대학교 스콧연구소 ⓒ 정옥재 국제신문 기자

6부
국내외 극지체험시설

재의 위치에 세워진 SPRI 건물은 장서가 늘어나자 두 차례(1968년, 1998년)나 증축됐다. SPRI 건물 2, 3층은 아카이브 및 도서관, 1층은 SPRI가 운영하는 극지박물관이다. 이곳에서 교수들과 연구진이 학부생을 대상으로 강의를 진행한다.

SPRI는 스콧의 동료였던 지질학자 프랭크 데브넘(Frank Debenham)이 남극점에 도달한 뒤 귀환 도중에 숨진 스콧과 그의 동료들을 추모하기 위해 1920년 캠브리지대에 설치(지리학과 산하)했다. 데브넘은 탐험가 가족들로부터 탐험 장비를 모았고 가족들은 그의 진정성을 보고 기증했다. SPRI의 극지박물관에는 스콧의 편지, 또 다른 영국 탐험가인 어니스트 섀클턴(1874~1922)의 항해기록 등 각종 유물이 소장돼 있다.

(2) 세계 극지과학 중심, 남극연구소(BAS)

SPRI에서 4km 떨어진 곳에는 영국 남극연구소(BAS)가 있다. BAS는 지역적으로는 서남극 권역을, 빙하학 생물학 기상학 등 자연과학 분야를 연구한다.

1985년 남극의 오존층에 구멍이 생겼다는 것을 처음 발견한 곳이 바로 BAS다. BAS는 제2차 세계대전 당시 남극 생물, 지질, 기상 정보를 수집했던 영국 해군의 비밀 조직 '타바린(TABARIN)'에서 출발했다. 영국은 1976년 연구의 효율성을 높이기 위해 런던에 흩어졌던 시설을 캠브리지에 모았다. BAS는 현재 영국 국립해양학연구센터 등을 비롯한 11개 대학과 함께 가장 빠르게 녹아내리고 있는 서남극 빙상(Ice Sheet)을 집중 연구하는 'iSTAR'를 주관하고 있다. 영국은 이 프로젝트에 2010년부터 2015년까지 740만 파운드(128억 5,000만 원가량)를 투입했다.

포울 아브라함슨 물리해양학 연구원은 "2015년 12월 한국 쇄빙 연구선인 아라온호도 이 해역에 들어오고 한국 극지연구소도 연구에 참여한다"며 "해양이 열기를 어떻게 빙하에 전달하고 어떻게 녹게 하는지를 파악하는 프로젝트"라고 말했다. BAS는 현재 남극기지 5곳, 북극기지 1곳, 쇄빙연구선 2대, 항공기 5대를 운영하고 있다.

연구시설 개방 않고 시민을 찾아다니며 소통

SPRI는 극지박물관을 운영하며 주민들과 소통하고 있다. 기념품점 운영 등 박물관 운영의 일부는 자원봉사로 진행되고 교육 프로그램도 운영된다.

국제신문 정옥재 기자가 SPRI 극지박물관을 취재하러 갔을 때 이곳을 찾은 SPRI 인근 일리초등학교 학생 50여 명은 박물관 프로그램에 따라 전시유물에 관한 그림을 그리느라 바빴다. 박물관 직원은 또 학생들에게 극지 탐험용 의복(파카, 방한모, 방한안경)을 입혀보고 어떤 느낌인지 발표하도록 했다. SPRI에서 저술한 책은 박물관 내 기념품 가게에서 판매된다.

SPRI는 박물관을 통해 지역 주민들과 소통한다. 박물관은 이날 오후 연구소 강의실에서 캠브리지대학 내 타 박물관과 공동으로 퀴즈 대잔치를 열었다. 사회자가 패널에게 탐험용 상자에서 물품을 꺼내 퀴즈를 내면 답을 맞히는 게임이었다. 참여한 60여 명의 주민은 이를 보고 웃고 즐겼다.

반면 BAS는 시민에게 연구시설을 개방하지 않는다. 아씨나 디나 BAS 홍보담당관은 "우리는 시민들을 찾아 간다"고 말했다. BAS는 최근 영국 중부에 있는 더럼(Durham)에서 '남극-영웅, 탐험가, 과학자' 전시회를 열었고 펭귄 전시와 관련해 런던 아쿠아리움과 연계하고 있다.

7부. 에듀테인먼트 위한 테마파크형 극지체험관

왜 극지체험관 필요하나

"남극과 북극에 이누이트(에스키모)가 사나요?"

"펭귄과 곰이 남북극에 모두 서식하는 것 아니에요?"

2014년 2월 남극 장보고과학기지 준공을 계기로 극지에 관한 관심이 커지고 있지만 청소년은 물론 성인 상당수가 남북극의 차이를 제대로 알지 못한다. 에스키모는 북극해에서만 사는 원주민을 말한다. 남극에는 원주민은 없다. 각국에서 세운 과학기지에 파견된 대원들이 생활한다. 펭귄은 남극에, 곰은 북극에 산다.

백문이 불여일견(百聞-不如一見). 아무리 여러 번 들어도 실제로 한 번 보는 것보다 못해 실제로 경험하는 것이 중요하다는 얘기다. 남북극은 누구나 한 번쯤 가보고 싶은 동경의 대상. 그러나 시간, 비용, 접근성 제약 같은 여러 가지 이유로 쉽게 가기 어렵다. 그래서 자라나는 청소년에게 극지의 중요성을 교육하기 위해 가보지 않고도 간 것과 같은 체험을 할 수 있는 공간이 필요하다. 그게 바로 극지체험관이다. 앞서 소개한 남극으로 가는 관문인 뉴질랜드 크라이스처치에 있는 '남극체험관'은 세계적인 극지체험관으로 꼽힌다.

극지 에듀테인먼트

에듀테인먼트는 에듀케이션(Education)과 엔터테인먼트(Entertainment)의 합성어로 재미있는 학습을 위해 교육과 놀이를 결합하는 것을 말한다. 체험을 통해 산지식을 얻도록 하는 구상이다. 남북극은 현실적으로 쉽게 접근할 수 없는 만큼 극지체험관을 만들어 청소년이 놀면서 극지의 중요성을 자연스럽게 배울 수 있도록 해야 한다고 극지 전문가들은 조언한다. 남극 탐험 1세대인 이동화 남경엔지니어링토건 대표는 청소년이 극지 연구의 허브이자 놀 만한 테마파크가 없는 부산에 극지체험관을 세우자고 제안했다. "쇄빙연구선이 정박할 수 있는 바닷가에 극지체험관을 지어 청소년이 극지를 체험하며 배울 수 있도록 해야 합니다. 남북극에 왔다는 착각이 들도록 방한복을 입고 눈보라와 혹한을 느끼며 펭귄 같은 동식물을 볼 수 있어야 합니다. 그러면 남북극에 어떤 동식물이 사는지를 포함해 남북극의 차이를 자연스럽게 터득할 수 있어요."

청소년 체험학습 명소로

극지 체험관 및 박물관은 청소년에게 미래 대한민국을 먹여 살릴 극지 개척의 꿈을 키워주는 산 교육장 역할을 할 것이라고 전문가들은 입을 모은다. 남북극은 지하자원과 수산물 같은 식량자원을 보유한 미래 자원의 보고, 신해양 실크로드로 불린다. 그러나 중요한 것은 아무나 그 기회를 누릴 수 없다는 점이다. 준비된 자에게만 기회가 주어지기 때문이다.

남극은 남극조약에 따라 2048년까지 각국의 지하자원 개발이 금지돼 있다. 뒤집어보면 그 이후에는 가능하다는 얘기다. 한국해양대 남청도 명예교수는 "극지체험관이 부산에 들어서면 청소년들이 이곳에서 극지의 중요성을 깨닫고 모험심을 길러 40대가 되는 2049

년 무렵 극지 개척의 주역이 될 수 있다"고 강조했다. 그런 점에서 극지체험관은 대한민국을 짊어질 청소년의 극지 도전정신을 키워 우리나라를 먹여 살릴 미래에 대한 확실한 투자라고 할 수 있다.

제대로 된 극지체험관을 건립한다면 전국의 청소년이 가보고 싶은 수학여행을 비롯한 체험학습 명소가 될 가능성은 충분히 있다고 전문가들은 지적한다. 체험학습지로 이름난 경주, 제주, 속리산 등지는 식상하다는 평가를 받고 있다. 극지체험관이 해운대해수욕장, 아쿠아리움, 자갈치시장, 산복도로 같은 기존 관광자원과 결합하면 부산이 잠시 거치는 곳에서 숙박하는 관광지로 탈바꿈할 수 있을 것으로 보인다. 침체한 부산 관광에 활력을 불어넣을 수 있다는 얘기다. 부산발전연구원 허윤수 동북아해양수도전략센터장은 "참신한 발상이다. 극지체험관 관람과 함께 극지 캠프장과 숙박시설, 쇄빙선 승선이 더해지면 시너지 효과가 기대된다"며 "상상력을 발휘해 극지체험관을 짓는다면 세계적인 청소년 교육장이자 관광지가 될 수 있다"고 말했다.

부산시의 극지타운 전략

부산에 제2 극지연구소를 설립하는 방안이 가시화하고 있다. 부산시는 극지연구소의 일부 극지연구와 물류 기능, 극지산업을 지역에 가져와 제2 극지연구소를 설립하는 방안을 (사)극지해양미래포럼과 함께 준비하고 있다. 제2 극지연구소는 최근 기후변화로 주목받는 북극항로 상용화에 대비하는 동시에 남북극을 아우르며 극지활동과 극지연구를 수행하는 연구기관을 말한다. 해양수산부가 추진 중인 제2 쇄빙연구선 건조사업에 맞춰 부산이 제2 쇄빙선의 모항으로 지정받는 것과 연계해 제2 극지연구소를 유치하겠다는 전략이다.

극지해양미래포럼 운영위원회 이동화 부위원장은 "제2 극지연구소는 남북극 현장 연구뿐 아니라 남극 장보고·세종과학기지, 북극 다산과학기지 등 우리나라 극지 과학기지 3곳의 인프라를 관리하고 물자를 보급하는 물류기지 기능까지 담당하는 것이 바람직하다"고 말했다. 극지연구소는 현재 34명 규모의 북극환경·자원연구센터를 운영하고 있는데, 북극항로의 중요성이 커지면서 조직을 확대하는 방안을 검토하는 것으로 알려졌다.

해수부는 2015년 5월 29일 제20회 바다의 날 기념식에서 오는 2030년까지 현재 남·북극 3곳인 극지 과학기지를 6곳으로 확충하겠다는 내용의 '2030 해양수산 미래비전'을 발표했다. 해수부의 미래비전대로 추진된다면 현재 극지연구소 한 곳이 6곳의 과학기지를 감당하기 벅차다. 제2 극지연구소 설립을 포함한 조직 확충이 필요하다는 분석이 설득력을 얻고 있다. 이런 이유에서 동해안 몇몇 지방자치단체는 이미 북극 중심의 제2 극지연구소 유치를 극지연구소에 제안해 놓은 상태다.

극지타운 조감도
© 부산시

부산시는 제2 극지연구소 설립과 제2 쇄빙연구선 모항 지정 및 물류창고 확보를 전제로 극지체험관·박물관, 극지훈련캠핑장, 극지전문대학원을 포함하는 극지타운을 조성한다는 구상을 세웠다. 시는 극지연구와 극지교육·관광이 어우러진 극지타운이 세워지면 부산이 세계적인 극지허브도시로 성장할 수 있을 것으로 내다보고 있다. 부산시의 '극지타운 조성 기본구상안'을 보면 이 사업은 3만 3,000~6만 6,000㎡ 규모의 부지가 필요하며 사업비는 부지를 제외하고 1,000억 원 정도로 추산됐다. 시는 태스크포스(TF)를 구성하고 부지를 확보한 뒤 이 사업을 본격적으로 추진하고 있다. 남구 용호동 하수종말처리시설 용도지정을 2020년까지 해제해 극지타운을 조성하고 극지연구조사선 전용부두도 건립할 계획이다. 부산시와 극재 해양미래포럼은 2017년 6월 5일과 2018년 4월 3일 두 차례 '극지타운 조성을 위한 시민토론회'를 개최했다.

한국해양대 남청도 명예교수는 "제2 극지연구소 설립방안은 극지연구의 외연 확대를 통해 부산시와 극지연구소가 상생하고, 궁극적으로 국익에 도움이 되는 쪽으로 추진돼야 한다"고 강조했다.

극지타운에 어떤 시설 들어서나

(사)극지해양미래포럼이 부산시에 제안해 함께 구상하는 극지 타운은 제2 극지연구소, 극지체험관, 극지박물관, 극지훈련캠핑장, 쇄빙연구선 부두 및 물류창고, 극지전문대학원 등으로 이루어진다. 이들 시설이 한곳에 모이면 집적에 따른 시너지효과를 낼 것으로 보인다. 이 같은 사례는 세계적으로도 찾기 어려울 정도로 많은 시설이 결합해 있다. 이들 시설의 역할을 살펴봤다.

극지타운 구상도 ⓒ 극지해양미래포럼

제2 극지연구소

해양수산부가 추진 중인 제2 쇄빙연구선 건조에 맞춰 인천 극지연구소의 북극연구와 물류, 극지산업 등 일부 연구기능을 부산에 이전해 남북극에 관한 기초과학, 응용과학, 극지공학 같은 연구를 담당한다. 극지연구소와 제2 극지연구소의 역할 분담과 특성화가 이루어지면 극지연구 활성화와 경쟁력 강화에 상당한 도움이 될 것으로 기대된다. 인천 극지연구소와 부산 제2 극지연구소가 연구 인력 확충을 통해 상생 발전할 수 있다는 얘기다.

쇄빙연구선 부두 및 물류창고

부산이 제2 쇄빙연구선 모항으로 지정받는 것을 전제로 남북극 과학기지의 인프라를 효율적으로 운영·관리하고 보급 물자를 공급하는 물류기지 역할을 한다. 부산은 남북극으로 가는 출발항이어서 지정학적으로 인천보다 유리한 조건을 갖추고 있다. 대규모 물류창고를 확보해야 제 기능을 할 수 있다. 최소 3만 3,000~6만 6,000㎡의 넓은 부지가 있어야 하는 것도 이런 이유에서다. 쇄빙연구선이 정박할 때는 견학시설로 활용할 수 있다.

극지체험관

누구나 미지의 세계로 통하는 극지에 가보고 싶어 하지만, 접근성과 비용적인 제약 탓에 그런 기회를 잡는 사람은 그리 많지 않다. 극지체험관은 이런 문제를 고려해 극지에 가지 않고도 마치 간 것처럼 방한복 차림으로 블리자드(눈 폭풍)와 빙하를 체험하고 극지 동식물을 볼 수 있는 곳이다. 이곳을 찾은 청소년은 극지에 관해 배우고 모험심과 도전정신을 기를 수 있다. 이뿐 아니라 부산의 관광자원으로도 활용할 수 있다.

남극으로 가는 길목에 있는 뉴질랜드 크라이스트처치 '국제남극센터(International Antarctic Centre)'에 가면 영하 18도의 남극 기후, 눈 폭풍을 체험하고 눈 위를 달리는 스노모빌, 허글랜드를 타보며 펭귄에게 먹이를 주고 4D(차원) 영화관에서 남극에 관한 영화를 볼 수 있다. 민간자본(민자)를 유치해 테마파크 형식으로 꾸미는 것도 방법이다.

극지박물관

우리나라 극지 진출의 역사를 보여주고 극지의 중요성을 교육하는 공간이다. 노르웨이 오슬로 '프람(Fram)박물관'에 전시된 프람호처럼 1978년 12월 고 박정희 전 대통령 시절 수산진흥원(현 국립수산과학원)과 함께 남빙양(남극해) 크릴 시험조업에 나선 남북수산의 남북호(5,549t, 1974년 건조)가 퇴역하면 전시할 필요가 있다. 프람호는 1892년 북극해 탐험을 위해 길이 39m, 너비 11m, 700t급으로 건조돼 난센과 아문센이 남북극 탐험에 사용한 배다. 1985년 11월 우리나라 최초의 남극관측탐험대 대원으로 참가했던 이동화 남경엔지니어링토건 대표가 국립해양박물관에 기탁한 남극탐험 관련 소장품 1,000여 점도 극지박물관이 생기면 전시할 수 있다. 제대로 된 극지박물관을 운영하려면 지금부터 차근차근 자료를 수집해야 한다고 전문가들은 조언한다.

극지훈련캠핑장

극지타운 인근 바닷가나 야산을 활용해 극지트레킹 코스, 빙벽 등반장을 조성해 도심에서 야영하며 극지의 자연을 동시에 느낄 수 있는 곳이다.

극지전문대학원

해양수산부가 2015년 5월 29일 바다의 날 기념식에서 발표한 '2030 해양수산 미래비전'을 보면 2030년까지 극지 전문 인력을 양성할 극지전문대학원을 설립할 계획이다. 한국해양대학교, 부경대학교를 비롯한 지역 대학과 부산으로 이전한 한국해양수산개발원(KMI), 한국해양과학기술원(KIOST), 한국선급(KR)의 교수진과 연구원을 활용하면 내실 있는 운영이 가능한 만큼 부산에 유치할 필요가 있다.

극지공학센터 및 산업시설

극지타운에 체험관, 박물관 같은 전시 공간뿐 아니라 극지공학센터와 산업시설까지 유치하면 극지 관련 산업을 산업화하고 미래를 위한 신성장산업으로 키우는 데 도움이 될 수 있다. 부산발전연구원 허윤수 동북아해양수도전략센터장은 2018년 8월 28일 부산시가 마련한 '극지 분야 현안 협의를 위한 관계기관 워크숍'에서 이같이 제안했다.

극지타운 기대효과

부산에 제2 극지연구소와 극지체험관·박물관이 함께 들어서면 엄청난 시너지효과를 낼 수 있을 것으로 기대된다. 부산이 남북극으로 가는 출발항을 넘어 명실상부한 극지 연구·교육·관광 허브와 해양수도로 발돋움할 수 있기 때문이다. 나아가 기후 변화에 대비하고 극지와 관련된 선용품 산업을 활성화해 일자리를 창출함으로써 미래 대한민국을 먹여 살릴 신성장동력이 될 수 있다고 전문가들은 기대한다.

왜 설립해야 하나

우리나라는 2014년 2월 남극 제2 과학기지를 준공하면서 남극 장보고·세종과학기지 2곳, 북극 다산과학기지 1곳 등 모두 3곳의 극지 과학기지를 운영하는 국가가 됐다. 2009년 취항한 우리나라 최초의 쇄빙연구선 아라온호 한 척이 남북극 과학기지 3곳에 물자를 보급하면서 연구를 수행하는 데 한계에 이르렀다. 아라온호는 2013년 한 해 311일을 운항해 과부하로 피로도가 누적되고 있다. 남북극이 멀리 떨어져 있을 뿐 아니라 같은 남극 내 장보고기지와 세종기지 사이 거리도 4,500㎞로 부산~서울의 10배가 넘는다. 이 때문에 해양수산부는 제2 쇄빙연구선 건조를 추진하고 있으나 2800억 원에 달하는 예산 조달 문제와 1만 2,000t급 규모에 관한 이견으로 어려움을 겪고 있다.

극지연구소는 2014년 설립한 장보고과학기지를 거점으로 남극점에 가까운 남극 제3 기지 건설을 추진하고 있다. 해양수산부는 2015년 5월 29일 부산에서 열린 제20회 바다의 날 기념식에서 '2030 해양수산 미래비전'을 통해 오는 2030년까지 현재 3곳인 남북극 과학기지를 6곳으로 늘리겠다고 발표했다.

정부의 쇄빙연구선과 극지 과학기지 같은 극지 인프라 확충 방침에 맞춰 부산시는 남북극으로 가는 출발항인 부산의 지리적 이점을 살려 제2 쇄빙연구선 모항 지정을 추진하고 있다. 모항 지정을 발판으로 남북극 과학기지 3곳의 효율적인 인프라 관리와 물류보급 기지 역할을 하면서 연구 기능까지 수행하는 제2 극지연구소 설립을 검토하고 있다. 극지해양미래포럼 박수현 사무국장은 "대한민국이 극지 강국으로 가기 위해 제2 쇄빙연구선 건조, 북극항로 상용화 대비, 남극 제3기지 건설 계획을 차질 없이 추진하려면 제2 극지연구소 설립이 절실하다"고 강조했다.

극지연구소도 북극항로의 중요성이 커지면서 조직을 확대하는 방안을 검토하고 있다. 이는 부산시와 극지연구소의 이해관계가 맞아떨어져 제2 극지연구소를 공동으로 세울 여지가 있음을 보여주는 대목이다.

극지연구와 해양연구 연계

제2 극지연구소가 설립되면 극지연구와 해양연구의 연계성 확보로 시너지 효과가 기대된다. 극지와 해양은 떼려야 뗄 수 없어서 융복합 연구를 통해 서로의 지평을 넓힐 수 있다고 극지 전문가들은 분석한다. 부산 영도구 동삼동 해양클러스터에는 한국해양수산개발원(KMI) 극지정책연구센터, 남극 장보고과학기지 인근 해도를 극지연구소와 공동 제작한 국립해양조사원, 북극항로 운항 때 필수적으로 승선해야 하는 극지 항해사(Ice Navigator)를 교육·양성하는 한국해양수산연수원이 자리 잡고 있다.

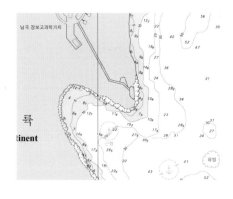

국립해양조사원이 만든 남극 해도
ⓒ 국립해양조사원

남극 해도는 극지연구와 해양연구 융합의 모범 사례로 꼽힌다. 극지연구소가 아라온호에서 수집한 해저지형 자료를 제공하고, 해양조사원은 수심, 해안선, 유빙, 암초, 해저지명 같은 정보를 합쳐 축척 1대 7,500의 남극 해도를 만들었다. 이들 두 기관이 협업을 통해 남극 해도를 만들기 전까지는 외국에서 발간한 해도에 의존했다.

한술 더 떠 한국해양과학기술원(KIOST)이 2017년 말 동삼동 해양클러스터로 이전했다. 이뿐 아니라 아라온호를 건조한 한진중공업과 아라온호 선체의 이상 여부를 검사하는 한국선급(KR)도 부산에 있다. 여기에다 세계적인 해양·수산 특성화 대학인 한국해양대학교와 부경대학교도 부산에 자리 잡았다. 이들 대학교수와 석·박사급 학생이 제2 극지연구소에 인력풀 역할을 하고, 제2 극지연구소의 부족한 실험시설을 보완할 수 있다. 이들 대학 역시 제2 극지연구소와 공동연구로 연구와 교육의 질을 높일 수 있다. 제2 극지연구소와 지역 대학의 동반성장이 가능하다는 얘기다.

극지연구와 청소년 교육·관광 결합

극지연구와 청소년 대상 극지교육의 동반 상승효과도 예상된다. 극지체험관·박물관은 청소년에게 극지의 중요성을 일깨워주는 극지 교육장 역할을 하게 된다. 체험관·박물관을 찾은 청소년은 제2 극지연구소의 연구원과 대화하고, 기회가 되면 연구소의 실험 현장을 보고 체험할 기회를 접할 수 있다. 이런 체험을 통해 청소년은 잘 몰랐던 극지에 관한 호기심이 생기고, 극지 과학자의 꿈을 키울 수 있다. 제2 극지연구소와 극지체험관·박물관 건립은 우리나라가 극지 강국으로 도약하는 밑거름이자 미래를 위한 투자인 셈이다. 아울러 극지체험관·박물관이 체험학습 명소로 자리 잡으면 부산의 대표 관광자원으로 성장할 수 있다.

부산극지타운 조성을 위한 시민 토론회 © 국제신문

극지박물관에 무엇을 담아야 하나

극지박물관은 우리나라 극지 진출사에 관한 자료를 생생하게 담을 필요가 있다. 1963년 3월 미국 유학시절 우리나라 최초로 남극 대륙을 밟은 고 이병돈(1928~95) 부산수산대학(현 부경대학교) 교수, 1978년 12월 남빙양 크릴시범조업에 나선 남북수산의 남북호와 국립수산진흥원 조사단, 1985년 11월 한국해양소년단연맹 주도의 한국 남극관측탐험대 탐험 도구와 일지, 남극 세종·장보고과학기지와 북극 다산과학기지 건설, 남북극 월동대 연구 및 활동과 대원들이 쓴 일기, 쇄빙연구선 아라온호, 전재규 세종과학기지 대원 순직…. 극지박물관에 전시할 콘텐츠는 무궁무진하다. 다만 1988년 남극 세종기지 건설 이후 활동은 정부 주도로 이루어져 비교적 기록이 잘 돼 있지만, 그 이전 활동은 민간 차원에서 진행되거나 오래돼 자료를 체계적으로 수집해야 한다는 지적이 나오고 있다. 노르웨이 오슬로 프람(Fram)박물관에 전시된 프람호나 일본 도쿄 선박과학관에 전시된 일본 남극관측선 소야호(宗谷)처럼 남북호를 전시하는 것도 방법이다.

극지박물관은 과거와 현재의 역사를 보여주는 것은 기본이고, 미래를 위한 교육장 역할도 해야 한다고 전문가들은 입을 모은다. 과거를 거울삼아 미래에 우리가 어떤 방향으로 극지를 개척할지 보여줘야 한다는 얘기다. 1985년 남극탐험대원을 비롯해 남북극 과학기

지 월동대원, 극지 연구자를 초청해 청소년과 대화하며 극지에 관한
꿈과 도전정신을 심어주는 등 다양한 교육프로그램을 마련하는 게
무엇보다 중요하다.

극지해양미래포럼 박수현 사무국장은 "의학, 생물학, 건축학 등
다양한 학문 분야에 극지를 결합하면 극지의학, 극지생물학처럼 새
로운 융합학문이 탄생한다"고 말했다. 그는 "이를테면 의상을 공부
하는 학생은 극지에서 어떤 옷을 입으면 좋을지 고민해보고, 법학도
는 극지에 관한 국제법·조약을 공부하면서 자신의 꿈과 전공분야 이
해의 폭을 넓힐 기회를 극지박물관이 제공해야 한다"고 조언했다.

이동화 대표, 최초 남극관측탐험대 자료 수천 점 국립해양박물관에 기탁

1985년 우리나라 최초 남극관측탐험대원으로 남극을 밟았던
이동화 남경엔지니어링토건 대표가 30년간 모아온 남극 탐험과 관

련된 소장품 수백 점을 2015년 국립해양박물관에 기탁했다. 백승주 학예연구사는 "소장품 자료가 워낙 방대해 내용을 정확하게 기록하는 데 시간이 다소 걸린다"며 "1985년 우리나라 남극관측탐험대가 남극에 게양한 태극기, 1988년 제1차 남극 세종과학기지 월동대원 방풍복 등 사료적 가치가 높은 소장품이 많아 특별전시회가 기대된다"고 말했다.

박물관 측은 남극과 관련한 이 대표 소장품이 텐트, 식기, 카메라 등 아직 정리하지 않은 것까지 합하면 수백 점이 더 있는 것으로 파악하고 있다. 이 대표가 소장한 사진이 1,000여 장에 달하지만, 분류상 1건으로 처리된다. 1985년 남극 탐험을 주도한 한국해양소년단연맹이 국립해양박물관에 기증한 자료가 33건 128점인 것과 비교하면 이 대표 소장품 규모는 엄청나다. 이 대표는 "1985년 남극에 처음 갔다 온 지 30년 가까이 16번 이사했지만 남극관측대 깃발, 남극에서 쓴 남극일기, 남극에서 찍은 사진 필름, 양말, 숟가락 등을 하나도 버리지 않고 통풍이 잘되는 곳에 신경 써서 보관해왔다"며 "세월이 많이 흐르다 보니 일부가 손상돼 극지해양미래포럼의 연결로 국립해양박물관 수장고에 맡기기로 했다"고 말했다.

이동화 대표가 자신의 집에 보관 중인 남극 탐사 장비. 이들 장비는 현재 국립해양박물관 수장고에 기탁돼 보관되고 있다.

한국형 극지타운 모델 정립을

국제신문과 (사)극지해양미래포럼은 부산시와 함께 부산에 세계적인 극지타운을 조성하기 위해 해외 유명 극지도시와 관련 시설을 벤치마킹하는 기획시리즈를 연재하며 한국형 극지타운 모델을 모색했다.

부산시는 극지연구와 관광·체험이 융합된 인포테인먼트 개념의 극지타운을 구상하고 있다. 인포테인먼트란 정보(information)와 오락(entertainment)을 합성해 만든 신조어로, 극지를 기존 연구 대상을 넘어 즐기고 체험하는 놀이의 대상으로 삼겠다는 뜻이다.

국제신문 취재팀이 뉴질랜드 크라이스트처치, 노르웨이 트롬쇠·오슬로, 핀란드 로바니에미, 영국 케임브리지대학 스콧연구소 등지를 둘러본 결과 부산시가 구상하는 극지타운을 성공적으로 조성하기 위해 유념해야 할 사항이 몇 가지 있다.

스토리텔링

하드웨어 못지않게 중요한 것은 콘텐츠 발굴이다. 스토리텔링이 필요하다는 얘기다. 노르웨이 오슬로 프람박물관은 1892~1930년 남북극 탐험에 동원된 전진이라는 뜻의 극지탐험선 '프람호'(800t)를 중심으로 세 명의 탐험가와 항해를 스토리텔링하며 서양의 극지개척사를 조명하고 있다. 덕택에 이곳을 찾는 관람객은 유빙과 혹한을 뚫고 전진하던 탐험정신을 생생하게 배울 수 있다.

프람호처럼 박정희 전 대통령 시절 수산진흥원(현 국립수산과학원) 연구원을 태우고 1978년 12월 7일 부산항을 출발해 남빙양(남극해) 크릴 시험조업에 나선 남북수산의 '남북호'(5549t)를 재조명하고 스토리텔링할 필요가 있다. 우리나라 남극 진출사는 크릴 시험 조업이라는 수산자원 확보 차원에서 시작됐다. 남북호를 시작으로 여러 차례 남빙양 크릴 시험 조업이 이루어졌음에도 불구하고 소홀히 다뤄지고 있다는 지적을 받고 있다. 남북호에 관한 스토리텔링 작업은 부산에 왜 극지타운을 조성해야 하는지에 관한 시민적 공감대를 형성하고 당위성을 확보하는 데 도움이 될 것으로 보인다.

네트워킹

기관, 연구소, 대학을 비롯해 극지와 관련된 가능한 한 많은 자원을 끌어 모으고 연계하는 작업이 필요하다. 크라이스트처치, 로바니에미, 트롬쇠 등 세계적인 극지도시의 공통점이기도 하다.

해양수도 부산에는 해양과 관련된 인프라가 많다. 한국해양대 남청도(기관공학부) 명예교수는 "극지와 해양은 떼려야 뗄 수 없어서 융합과 연계가 가능하므로 유기적으로 엮으면 효과를 극대화할 수 있다"고 조언한다. 전시 시설로는 국립해양박물관, 동래구 온천동 부산해양자연사박물관, 해운대구 중동 시라이프 부산 아쿠아리움이 있다. 연구기관으로는 영도구 동삼혁신지구 내 한국해양과학기술원(KIOST), 한국해양수산개발원(KMI), 국립해양조사원, 한국해양수산연수원이 있다. 세계 수준의 해양수산 특성화 대학인 한국해양대학교와 부경대학교도 부산에 자리 잡고 있다. 우리나라 최초의 쇄빙연구선 '아라온호'를 건조한 한진중공업과 아라온호를 검사하는 한국선급도 부산에 있다.

특히 해양수산연수원은 극지연구소와 협약을 맺고 용당캠퍼스에서 남북극 과학기지에 파견되는 극지연구소 연구원 등을 대상으로 극지기초안전교육을 진행하고 있다. 연수원 이진우 교수는 "이 교육은 연수원의 첨단 장비를 활용해 해상생존 이론 및 실습, 선상 헬기 탈출, 응급처치, 산악훈련 등 5일 과정으로 이루어진다"고 말했다. 2015년에만 12회에 걸쳐 188명이 교육을 받았다. 부산이 극지 안전교육·훈련장 역할을 하고 있다.

시민적 공감대

부산에 세계적인 극지타운을 조성하려면 시민적 공감대를 형성하는 것이 과제로 꼽힌다. 뉴질랜드 크라이스트처치는 남극으로 가는 관문도시로 남극과 가깝다는 지리적 이점은 물론 시민들이 극지 개척·탐험정신을 계승하려는 마인드를 가진 게 특징이다. 노르웨이 트롬쇠 역시 아문센 동상을 시내 중심가에 세우고 그의 정신을 이어받고 있다.

극지에 관한 시민적 관심을 모으기 위해서는 대중강연과 체험전을 확대하고 지역 대학에 극지 관련 강좌를 개설할 필요가 있다고 전문가들은 지적한다. 극지해양미래포럼은 부산시, 국립해양박물관과 함께 2015년 12월 2일 국립해양박물관에서 1985년 우리나라 최초의 남극관측탐험대에 참가했던 윤석순 단장, 홍석하 대장, 장순근·허욱·허정식·이동화 대원이 참석한 가운데 중고생과 대화를 나누는 토크콘서트를 열었다. 당시 우리나라 남극 탐험 30주년을 기념해 시민적 관심을 끌기 위해서다.

부산시 박종규 해양수도정책과장은 "세계적인 극지타운 조성은 창의적 프로그램과 콘텐츠 확보에 달린 만큼 지금부터 시민 의견을 모으고 준비해야 한다"고 말했다.

부산에 있는 한국해양수산연수원 용당캠퍼스는 남극 장보고, 세종과학기지에 파견될 대원을 대상으로 선상 헬기 탈출 훈련을 진행하고 있다. ⓒ 국제신문

극지해설사 양성

전국 최초의 '극지해양해설사'가 부산에서 배출돼 활동에 들어
갔다. 부산시, 부산시교육청, 부산대학교, 부경대학교, 한국해양대
학교, 국제신문 등 6개 기관이 공동 설립한 연구법인 (사)극지해양
미래포럼은 2016년 4월 1일 제1기 극지 해양 해설사를 배출했다.

이들은 남·북극의 자연환경 및 생태, 우리나라의 극지 과학기
지, 남극 도전사, 극지 동물 스토리텔링, 극지의 미래 가능성 등 다양
한 분야를 학습했다. 특히 이들은 인천에 있는 극지연구소 방문 체
험 등을 거쳐 전문 해설사로서의 역량을 키웠다.

극지해양미래포럼 운영위원이면서 교육 과정을 총괄한 진병화
부산 신도고 교장은 "인류 마지막 보고인 극지의 중요성을 청소년들
에게 전파할 대한민국 최초의 '극지 전도사'들이 부산에서 배출된 것
은 대단히 의미있다"고 말했다.

2019년 2월 현재 3기까지 배출된 극지해설사 인원은 모두 27
명. 이들은 2017년과 2018년에 걸쳐 각각 초중고교생 6,000여 명에
게 극지의 중요성을 강의했다. 1기 과정을 수료하기도 전에 초중고
에서 해설사 강연 요청이 쇄도한 것은 (사)극지해양미래포럼의 극지
알리기 활동이 시민사회에 뿌리를 내리고 있다는 뜻이다. 포럼 박수
현 사무국장은 "2016년 중학교에 자율학기제가 시행되면서 강연 요
청이 쇄도하고 있다"며 "단순 강의에 그치지 않고 학교별 극지동아리

창립을 지원하는 등 활동 폭을 넓혀 나가겠다"고 밝혔다.

극지해양미래포럼은 해양도시 부산의 시민들이 정보 부족 등
으로 극지의 중요성을 미처 인식하지 못하고 있는 현실에 착안해
2014년 창립한 이래 극지 문화 알리기의 외로운 길을 걷고 있다. 꾸
준하면서도 체계적인 극지 알리기 사업이 서서히 결실을 맺으면서
이제 부산은 전국에서 극지에 관한 연구와 활동이 가장 활발한 지
역이 됐다.

극지에 관한 국민적 관심을 확산하기 위해 부산지역 초중고등
학생을 대상으로 성공적으로 진행하고 있는 극지해양해설사 파견 교
육사업을 전국으로 확대할 필요가 있다는 여론이 설득력을 얻고 있
다. 해양수산부는 2019년부터 극지해설사 양성 사업을 전국으로 확
대하기로 했다.

2018년 9월 10일 인천 극지연구소를 방문한 극지해양미래포럼 극지해설사들

크릴과 어묵이 만나면

남극 크릴은 오메가3라는 불포화지방산을 다량 함유하고 있어 인체 노화를 예방하려는 과학자의 연구 대상이다. 오메가3 지방산은 혈액 순환을 도와 눈 건강, 퇴행성관절염, 치매 예방에 효과적인 것으로 알려졌다.

크릴은 다량 섭취하면 인체에 해가 될 수 있는 불소 성분을 지녀 식용으로 활용하려면 불소가 포함된 껍질을 벗겨내야 한다. 식품으로 가공하기 쉽지 않아 우리나라에서는 낚시 미끼로 주로 사용한다. 반면 미국, 캐나다, 노르웨이 같은 선진국은 크릴을 가공해 캡슐 형태의 오메가3 영양제, 크릴 오일로 개발해 부가가치를 높이고 있다. 러시아는 크릴로 빵을 만들고 일본은 어묵을 만든다. 이 때문에 우리나라는 세계 3위의 크릴 조업국이면서 미래의 식량 자원으로 활용하기 위한 가공법 개발에 투자와 연구가 소홀하다는 지적이 나온다.

인성실업은 서울대, 건국대, 한국식품개발연구원 등과 산학협력을 통해 크릴저온분말 제조법과 장치 특허를 확보했으나 민간 기업이 수억 원을 들여 가공법을 개발하는 데는 한계가 있다. 동원그룹 계열사인 동원F&B는 2004년 남극 크릴새우 죽을 개발해 시판하기도 했다. 일부 음식점에서 크릴 커틀릿, 크릴 그라탕, 크릴새우볶음면 같은 메뉴를 개발해 판매하고 있지만 아직 대중적이지는 못하다.

홍진영어조합법인(옛 인성수산)은 경남 통영 욕지도에 있는 9ha

규모의 가두리 양식장에 남빙양에서 공수해온 냉동 크릴을 먹여 참다랑어, 고등어, 전갱이를 양식해 크릴의 가능성을 시험하고 있다. 냉동 크릴을 먹은 어류는 일반 사료를 먹을 때와 비교해 소화력과 면역력이 강화돼 육질의 맛과 영양이 뛰어난 편이다.

해양수도 부산이 선도적으로 나서서 크릴 어묵을 개발했으면 하는 개인적 바람이 있다. 부산은 몇 년 전 삼진어묵, 고래사어묵을 중심으로 부산발 베이커리(빵집)형 어묵 열풍을 전국적으로 확산시켰다. 종전 반찬, 포장마차 꼬치로 국한된 어묵을 4차 산업혁명에 걸맞은 융합 개념을 접목해 어묵 크로켓(고로켓), 버거, 우동 등으로 고급화, 다양화함으로써 고급 간식, 디저트로 변신했다. 이런 노하우를 살려 어묵 원료를 남극 바다에서 잡히는 크릴로 확대한다면 해양수도에 어울리는 훌륭한 관광 상품으로 자리매김할 수 있지 않을까?

크릴어묵을 먹으면서 극지에 관한 호기심과 관심을 유발할 수 있게 스토리텔링을 더하면 금상첨화다. 극지해양미래포럼 운영위원회 회의에서 추운 계절에 에어컨을 빵빵하게 튼 채로 극지 영화를 보고 나오면 따뜻한 크릴어묵과 국물을 먹을 수 있는 '극지영화제'를 만들어 극지에 대한 관심을 제고하자는 제안이 여러 차례 나오기도 했다. 부산에 극지체험관이 들어선다면 이곳을 찾는 이가 먹어보거나 선물용으로 사 갈 수 있을 것 같다. 불소가 포함된 껍질을 벗겨내야 하는 문제는 국내 최고의 수산 특성화 대학인 부경대학교 연구진의 도움을 받으면 충분히 극복할 수 있다는 게 전문가들의 견해다.

실제 부산시는 6·25전쟁 당시 먹을 것이 부족했던 피란민에게 단백질 공급원 역할을 했던 어묵의 제조기술을 미얀마를 비롯한 제

3세계에 전수하는 공적개발원조(ODA)사업을 준비하고 있다. 크릴어묵을 개발해 그 기술을 제3세계에 전수한다면 부산과 대한민국의 국제적 위상이 크게 높아지지 않을까? 남극의 자원을 인류 공영발전에 활용한 모범 사례로 세계적인 주목을 받을 수 있을 것으로 보인다. 크릴어묵 개발에 부산시와 해양수산부가 적극적인 관심을 가지길 기대한다.

부록 1

좌담

위로부터 남청도 명예교수, 박수현 선임기자, 이동화 대표

극과 극은 통했다. 2014년 2월 남극 장보고과학기지 준공을 앞두고 남극과 북극을 다녀온 부산 사나이 세 명이 모였다. 2013년 9월 정부의 북극항로 시범운항 프로젝트에 참여한 남청도 한국해양대 기관공학부 명예교수, 1985년 우리나라 최초의 남극탐험대원으로 참가한 이동화 (주)남경엔지니어링토건 대표, 2006년 남극 세종과학기지와 2008년 북극 다산과학기지를 취재한 박수현 국제신문 사진부 선임기자가 그들. 이들은 북극항로의 출발점이자 남극 진출의 전진기지 역할을 했던 부산을 극지 연구의 메카로 키우고 관련 산업을 부산의 미래 신성장 동력으로 육성해야 한다고 입을 모았다. 필자가 사회를 맡았다.

각자의 극지 경험을 소개해 달라.

남청도 ▶ 북극에 처음 발을 들여놓은 것이 2010년 7월이었다. 당시 우리나라 최초의 쇄빙연구선 아라온호를 타고 갔는데 알래스카 놈이라는 항구에서 승선해 베링해협을 지나 3, 4일 올라가니 얼음바다가 보이기 시작했다. 북위 79도 정도 올라가니 온통 두꺼운 얼음뿐이어서 더 올라가지 못했다. 백야에도 하얗게 눈부신 광활한 얼음 바다를 처음 보았는데 지금도 눈에 선하다. 쇄빙선이 얼음을 깨고 지나갈 때 큰 얼음판이 쫙 소리를 내면서 갈라졌다. 무를 칼로 자르듯이 조각난 얼음 덩어리가 물속으로 뒹구는 광경은 보기만 해도 가슴이 시원해졌다. 바다 밑 4,000m에서 건져 올린 샘플 중에도 모기 눈알만한 플랑크톤이 살아 움직이는 것을 보고 극한 환경에도 생명체가 살아간다는 사실에 놀라지 않을 수 없었다. 2013년 9월, 말로만 듣던 쇄빙선, 북극곰, 바다코끼리를 직접 눈으로 보고 북극항로를 체험했다.

이동화 ▶ 1985년 11월 우리나라 최초의 남극 탐험대원으로 참여했다. 바닷속에 들어가 태극기를 꽂고 수중탐사를 한 그해 11월 26일은 영원히 잊을 수 없다. 그게 인연이 돼 1987년 세종과학기지건설단 안전담당관, 1988년 세종기지 1차 월동대원, 2004년 세종기지 부두건설단장, 남극 제2기지 선정위원, 2012년 장보고기지 건설을 위한 측량 등으로 여러 차례 남극을 다녀왔다.

박수현 ▶ 1987년 한국해양대 해양공학과에 진학한 이유는 고교 시절

1988년 남극에 세종과학기지가 건설된다는 소식을 듣고 남극을 탐험해야겠다는 꿈이 있었기 때문이다. 2006년 극지연구소와 한국과학문화재단(현 한국과학창의재단)이 문화예술인 대상 남극체험단 공개모집 때 사진작가 부분에 선정되면서 40일 일정으로 남극 세종기지에 체류하며 30회에 걸친 수중탐사, 월동대원의 생활 등을 취재했다. 남극에 가보니 북극에 가고 싶었는데 기회가 왔다. 2008년 여름 북극 다산기지 청소년 체험단을 취재하는 언론인 자격으로 보름 정도 북극에 다녀왔다. 이후 남북극 사진 전시회를 열고 부산과학기술협의회 지원으로 『북극곰과 남극 펭귄의 지구사랑』이라는 책도 냈다.

남·북극에 가본 경험을 토대로 극지란 무엇이라고 정의할 수 있나.

이동화 ▶ 남극은 미래 기회의 땅이자 신대륙이다. 남극은 중국과 인도를 합친 크기이고 아직 주인이 없다. 1998년 남극환경보호의정서 채택을 계기로 2048년까지 50년간 지하자원 개발이 금지되고, UN 해양법에 따라 2048년까지 영유권을 주장할 수 없다. 세계에서 가장 많은 지하자원과 크릴 같은 수산물을 비롯한 미래 식량자원을 보유한 남극의 100분의 1만 가져와도 우리 후손들이 먹고살 수 있는 자원을 보유하는 셈이다.

박수현 ▶ 남극은 기회의 땅이지만 준비된 자만 그 기회를 누릴 수 있다. 남극조약 자체가 배타적이다. 남극조약협의당사국의 만장일치를 얻

게 돼 있다. 2048년까지 한시적으로 개발을 묶어놨지만 그 이후에는
개발을 위한 삽질이 시작된다는 뜻이다. 남극에 과학기지가 있는 나
라만 개발에 참여할 수 있다. 미리 준비해야 한다.

남청도 ▶ 　　　북극 항로는 신해양실크로드라고 할 수 있다. 지구 온난화가 급
격히 진행되면서 예전에 2100년쯤 상용화될 것으로 예측되던 북극
항로가 2030년이면 연중 이용이 가능할 것으로 보인다. 북극항로를
이용하면 부산에서 수에즈운하를 거쳐 네덜란드 로테르담에 갈 때
보다 7,000㎞(2만 2,000㎞→1만 5,000㎞)의 거리를 단축해 항해시간(40
일→30일)과 연료비, 용선료를 대폭 절감할 수 있다. 현재 북극항로
운항기간이 연중 4~5개월 정도이지만 머지않아 8개월 정도로 늘어
나면 경제성이 커질 것이다.

북극항로를 비롯해 극지 연구와 개척에 있어 부산은 어떤 역할을 하나.

이동화 ▶ 　　　세계지도를 거꾸로 놓고 보면 부산은 남극과 북극으로 향하는
출발점 역할을 할 수 있는 곳이다. 따라서 물류 기반시설이 잘 갖춰
진 부산은 누가 뭐라 해도 극지의 전진기지가 돼야 한다. 중국은 극
지연구소, 해양대학 등 해양과 극지와 관련한 모든 기관을 칭다오에
모았다. 부산 영도구 동삼혁신지구는 해양·수산뿐 아니라 극지 연구
의 메카가 돼야 한다. 극지는 해양의 한 부분이므로 해양과 극지를
분리해서는 안 된다.
　　　극지연구소가 부산에 내려오지 않고 바닷가가 아닌 인천 송도

다운타운에 위치해 있는 것은 모순이다. 정치논리가 아니라 미래를 보고 따져야 한다. 쇄빙선 아라온호도 선용품과 유류를 부산에서 공급받고 인천항에 정박하러 가는 데만 2박 3일, 8,000만 원가량의 연료비가 든다. 세금 낭비다. 아라온호 선원 대부분이 부산 사람이다.

남청도 ▶   지리적으로 보면 부산은 극지로 출발할 수 있는 선단, 제일 앞에 위치해 있다. 현지 조사활동과 연구를 위해 쇄빙연구선이 극지로 가려면 부산에서 선용품과 연료, 물을 공급받아야 한다. 동삼동 해양클러스터에 관련 연구기관이 모여 있어 시너지 효과를 낼 수 있는 것도 이점이다. 극지 관련 연구소와 산업이 부산을 중심으로 활동이 이루어져야 시너지 효과를 낼 수 있다. 지난해 중국의 북극항로 시범 운항한 용쉥(Yong Sheng)호도 다롄항에서 출발해 부산에 들러 유류와 선용품을 공급받은 것은 부산항의 유리한 입지를 단적으로 보여준다.

박수현 ▶   남극 진출은 1978년 박정희 전 대통령 시절 남북수산 원양어선 '남북호'의 남빙양 크릴 시험 조업에서 시작하는 만큼 부산이 극지 개척의 출발지라 할 수 있다. 우리나라 최초의 쇄빙선 아라온호도 2009년 부산에 있는 한진중공업에서 건조됐다. 극지 진출사를 쓴다면 부산을 떼려야 뗄 수 없다.

극지 관련 산업을 부산의 미래 신성장동력으로 키우려면 어떻게 준비해야 하나.

남청도 ▶   북극항로를 상용화하기 위해서는 선박, 선원, 화물이 필요하다. 선박은 유빙이 떠다니는 얼음 바다를 안전하게 운항할 수 있는 내빙 구조, 즉 아이스 클라스(ice class) 선박이어야 한다. 러시아는 북극항로를 운항하는 선박에 대해 아이스 파일럿을 2명 이상 태우도록 하고 있다. 아이스 파일럿은 해빙 상태, 기상자료 등을 종합적으로 분석해 빙해 항해에 적합한 최적의 루트를 선장에게 제안하는 빙해항해 전문가를 말한다. 아이스 파일럿을 양성하고 관련 산업을 키우며 벌크 화물뿐 아니라 미래의 컨테이너 화물 수송에도 준비를 서둘러야 한다. (남 교수가 좌담에서 북극항로 컨테이너 화물 수송 가능성을 언급한 지 4년 후 현실화됐다. 세계 1위 선사 머스크의 내빙 컨테이너선인 '벤타 머스크호'가 세계 최초로 북극항로를 통항하기에 앞서 부산항 신항 한진터미널에서 컨테이너 화물 1,500개를 싣고 2018년 8월 28일 출항했다. 이 선박은 북극항로를 지나 9월 22일 독일 브레멘 하벤항에 도착할 예정이었다. 그동안 원유나 천연가스를 실은 선박이 북극항로를 항해한 적이 있지만, 컨테이너선이 북극항로를 운항하기는 이 배가 처음이다.)

박수현 ▶   중세 이후 세계사는 항로 개척의 역사였다. 중세 유럽인은 인도, 중국과 육로 무역의 걸림돌이었던 오스만튀르크 제국을 피하고자 해로를 개척하고자 했다. 수차례의 시도 끝에 1492년 스페인(에스파냐)냐의 후원을 받은 콜럼버스가 인도로 가는 뱃길을 찾다가 아메리카 대륙을 발견하고, 1497년에는 포르투갈의 바스쿠 다가마가 아프리카 대륙 최남단 희망봉을 돌아 인도로 향하는 뱃길을 개척했다. 1520년에는 마젤란이 대서양에서 태평양으로 이어지는 뱃길을 찾아냈다. 이후 세계 최강이었던 오스만튀르크 제국은 경제적으로 타격을 받아 쇠락한데 반해 유럽인들은 뱃길로 이어진 세계 각 지역으로 진출할 수 있게 됐다. 북극항로는 세계사에 새로운 질서를 만들 수 있다. 지정학적으로 북극항로의 중심에 위치한 부산이 적극적으로 준비해야 한다.

이동화 ▶   부산이 극지 메카라는 인식을 부산시민이 가져야 한다. 부산시가 공장 100~200개보다 극지산업을 유치하면 부가가치가 훨씬 높다. 부산만 먹고 사는 게 아니라 한국을 넘어 세계를 먹여 살릴 수 있다. 그걸 미리 예측하고 준비를 해야 한다. 대비하지 않으면 북극항로 상용화와 남극 항로 운영에 따른 허브항 도약의 기회를 일본 고베항에 뺏길 수 있다.

극지 좌담회. 왼쪽부터 필자, 이동화 대표, 박수현 선임기자, 남청도 명예교수 ⓒ 국제신문

부록 2

극지해양미래포럼 주최
〈극지·해양도서 독후감 공모전〉
도서 목록

극지해양미래포럼은 극지·해양에 관한 국민적 관심을 모으고
저변을 확대하자는 취지에서 2015년부터 매년 전국 초중고교생 및
일반인을 대상으로 극지·해양도서 독후감 공모전을 개최하고 있다.
해양수산부, 부산시, 부산시교육청, 한진중공업, 국제신문이 후원하고 있다.
공모전 추천도서를 읽어 보면 극지에 관한 궁금증을 해소하는 데
도움이 될 것 같아 도서 목록을 정리해 첨부한다.

제1회 대회 (2015년)

초등부 추천도서 (8권)

도서	출판사	추천인
과학공화국 지구법정 (6. 남극과 북극)	자음과 모음	부산광역시 교육감 김석준
극지방을 향한 대 도전	시공사	부산광역시 해양수산국장 송양호
로빈슨 크루소	삼성출판사	한국해양대학교 총장 박한일
바다동물의 위기탈출	부산과학기술협의회	국제신문 사장 차승민
바다로 돌아간 제돌이	두레아이들	부경대학교 총장 김영섭
북극의 눈물	씨앤아이북스	국립해양박물관 관장 손재학
남극의 대결, 아문센과 스콧	생각의 나무	극지연구소 소장 김예동
일곱 빛깔 독도이야기	조선북스	해양수산부 장관 유기준

중·고등부 추천도서 (13권)

도서	출판사	추천인
그린란드의 자연과 역사	씨아이알	부산광역시장 서병수
극지과학자가 들려주는 결빙방지 단백질 이야기	지식노마드	부경대학교 교수 김학준
남극과 북극의 궁금증 100가지	푸른길	부경대학교 교수 이한림
남극에 서다	위드 프레스	한국극지연구진흥회 회장 윤석순
남극을 열다	지식노마드	남경엔지니어링토건 대표 이동화
바다의 도시 이야기	한길사	한국해양과학기술진흥원 원장 임광수
백경	흥신문화사	한국수산자원관리공단 이사장 강영실
변방이 중심이 되는 동북아 신네트워크	산지니	부산항만공사 사장 임기택
안나여 저게 코츠뷰의 불빛이다	한빛비즈	한국해양수산개발원 극지정책연구센터장 김종덕
얼음의 나이	계단	부산대학교 교수 임현수
인듀어런스	뜨인돌	한국해양대학교 교수 남청도
인류의 해저 대모험	수수꽃다리	한국해양대학교 교수 강신영
전호환교수의 배 이야기	부산과기협	한진중공업 상무 정철상

부록 2
극지해양미래포럼 주최 〈극지 해양도서 독후감 공모전〉 도서 목록

제2회 대회 (2016년)

초등부 추천도서 (8권)

도서	출판사	저자
꼭 알아야 할 우리 바다 이야기	뜨인돌어린이	서지원, 이주희
남극에서 날아온 펭귄의 모험	아주좋은날	유재영, 김형근
남극에서 뭘 하세요	웅진다책	정호성
남극 코드 장보고	극지연구소	예영, 김인호
똑똑한 수다쟁이 돌고래	우리교육	김황, 이민선
물고기도 아프다	풀과바람	신정민, 노기동
지도로 보는 우리바다의 역사	살림어린이	김용만, 백명식
북극곰도 모르는 북극 이야기	토토북	박지환, 김미경

중·고등부 추천도서 (8권)

도서	출판사	저자
갯벌 환경과 생물	월드사이언스	이학곤
극지, 과학으로 다가서다	이담북스	남성현,김혜원,황청연
극지해빙의 과학	지오북	최경식
멸치 머리엔 블랙박스가 있다	부키	황선도
문명과 바다	산처럼	주경철
바다 위 인공섬 시토피아	지성사	권오순, 안희도
북극곰과 남극펭귄의 지구사랑	부산과학기술협의회	박수현
플라스틱 바다	미지북스	찰스 무어, 커샌드라 필립스

제3회 대회 (2017년)

초등부 추천도서 (8권)

도서	출판사	저자
아문센 남극과 북극을 정복한 위대한 탐험가	효리원	박상재
과학자 전재규 남극의 별이되다	청어람 미디어	전신애
남극의 마지막 영웅 섀클턴	뜨인돌 어린이	두그루
강치야 독도야 동해바다야	한겨레 아이들	주강현
한 걸음씩 알아가는 바다교실	풀과바람	조르주 페테르망
바다는 눈물이 필요 없다	비룡소	하이타니 겐지로
바다의 신 장보고	한솔수북	윤영수
가자 신비한 남극과 북극을 찾아서	교학사	장순근

중·고등부 추천도서 (8권)

도서	출판사	저자
극지과학자가 들려주는 원격탐사 이야기	지식노마드	김현철
글로벌 북극	지식노마드	김효선
바다의 세계사	선인	미야자키 마사카쓰
해양고고학	시공사	장이브 블로
한국해양사	학연문화사	윤명철
바다생물 이름 풀이사전	지성사	박수현
북극해를 말하다	KMI·KOPRI	김학소·이홍금
남극제국	군자출판사	게빈 프란시스

제4회 대회 (2018년)

초등부 추천도서 (8권)

도서	출판사	저자
갯벌에서 살아남기	아이세움	곰돌이 co.
극지를 체험하다	동아출판	윤상석
놀란박사의 북극대탈출	개암나무	게리 베일리
극지방 (가까이 더 가까이)	여원미디어	로절린 웨이드
바다쓰레기의 비밀	보물창고	로리 그리핀 번스
바다아이 창대	보리	김종현, 이종철
아쿠아리움 프렌즈	다할미디어	이경희, 조여영
북극곰도 모르는 북극이야기	토토북	박지환, 김미경

중·고등부 추천도서 (8권)

도서	출판사	저자
5극지 : 아무도 밟지 않은 땅	드림엔	홍성택
400일간의 남극체류기	눈빛	홍종원
등대의 세계사	서해문집	주강현
최초의 물고기 이야기 신우해이어보	지앤유	최헌섭, 박태성
극지과학자가 들려주는 남극의 사계	지식노마드	안인영
바다에서 건진 생명의 이름들	지성사	박수현
극지와 인간	극지연구소	장순근, 이재학
하늘에서 본 울릉도와 독도의 해양영토	지성사	김윤배, 김성수

참고문헌

이동화, 2014. 4. 3~5. 22, 국제신문 〈이동화의 남극일기〉 1~8회

장순근·이재학, 2013,『극지와 인간』, 극지연구소

남극세종과학기지 30년 기념 도서출판위원회, 2017,
『남극세종과학기지, 그 서른 해의 이야기(1988~2018)』, 극지연구소

윤석순, 2008,『희망의 대륙 남극에 서다-극한의 땅에서 미래를 향해
도전한 37인의 남극 에세이』, 휘즈프레스

장순근, 2011,『남극은 왜?-남극에 대한 119가지 오해와 진실』, 지성사

박수현, 2009,『북극곰과 남극펭귄의 지구사랑』, 부산과학기술협의회

최경식, 2013,『극지 해빙의 과학』, 지오북

박미용, 2008,『북극과 남극(선생님도 놀란 초등과학 뒤집기 시리즈)』,
동아사이언스·성우주니어

예영·김인호, 2014,『남극코드 장보고』, 극지연구소

MBC 〈남극의 눈물〉 제작팀, 2013,『남극의 눈물』, MBC C&I

가미누마 가츠타다, 2009,『남극과 북극의 궁금증 100가지』, 김태호 옮김, 푸른길

애니타 개너리, 2009,『오들오들 남극북극(앗, 이렇게 재미있는 사회가! 시리즈)』,
이윤선 옮김, 주니어김영사

극지연구소, 2014,『극지 안전 매뉴얼』, 극지연구소

한국해양수산연수원, 2015,『극지 기초 안전 교육』, 한국해양수산연수원

국립해양박물관, 2015,『한국-노르웨이 남극과 북극의 만남』, 국립해양박물관

남극이랑 카톡하기

© 2019, 오상준

지은이	오상준
사진	박수현
감수	이동화

초판 1쇄 발행	2019년 02월 17일
3쇄 발행	2022년 08월 20일
편집	박정오 책임편집, 임명선, 하은지, 허태준
디자인	최효선 책임디자인, 박규비, 전혜정
미디어	전유현
경영전략	김지은, 김태희, 최민영
마케팅	최문섭
종이	세종페이퍼
제작	영신사
펴낸곳	호밀밭
펴낸이	장현정

등록	2008년 11월 12일(제338-2008-6호)
주소	부산 수영구 연수로 357번길 17-8
전화, 팩스	051-751-8001, 0505-510-4675
전자우편	homilbooks@naver.com

Published in Korea by Homilbat Publishing Co, Busan.
Registration No. 338-2008-6.
First press export edition February, 2019.
Author Oh Sang Joon
ISBN 979-11-965728-3-9   03970

이 도서의 국립중앙도서관 출판예정도서목록(CIP)은 서지정보유통지원시스
템 홈페이지(http://seoji.nl.go.kr)와 국가자료공동목록시스템(http://www.
nl.go.kr/kolisnet)에서 이용하실 수 있습니다. (CIP제어번호: CIP2019004539)